SCHLANGEN

Von Barbara Taylor
Fachberatung: Michael Chinery
Ins Deutsche übertragen von Andreas Hoffmann

Kosmos

Originalausgabe ist unter dem Titel
„Nature Watch – Snakes" 1998 erschienen
bei Lorenz Books, New York
© 1998 Lorenz Books/Anness
Publishing Ltd., New York, USA
Deutsche Ausgabe © 2000 Franckh-Kosmos
Verlags-GmbH & Co., Stuttgart
Alle Rechte vorbehalten.
ISBN 3-440-08260-1

Dieses Buch folgt den Regeln der neuen Recht-
schreibung.
Lektorat der deutschen Ausgabe: Silke Arnold
Übersetzung aus dem Englischen: Andreas Hoffmann
M. A., Punktum Verlags-Service, Bayreuth
Umschlaggestaltung: Jürgen Reichert, Stuttgart, unter
Verwendung von Fotos von Uwe Dost

Die Deutsche Bibliothek – CIP-Einheitsaufnahme
Ein Titelsatz für diese Publikation ist bei der
Deutschen Bibliothek erhältlich.

Printed in Singapore
Satz und Herstellung: Markus Schärtlein
Druck und Bindung: Star Standard Industries Pte

Bildnachweis:

u = unten, o = oben, m = Mitte, l = links, r = rechts
Lesley and Roy Adkins Picture Library: 5mr, 13o, 35u, 38l,
39u und 55ol – Ancient Art and Arichitecture Collection
Ltd.: 8u, 8l, 9ol, 9om, 11ol, 14u, 21or, 21ml, 21mr, 24/25,
27r, 32u, 33ol, 33ur, 36, 41o, 42u, 49or, 50ul, 52or, 52ul,
54or, 57ol, 61ul und Umschlagvorderseite – A-Z Botani-
cal Collection Ltd.: 53ur – The Bridgeman Art Library:
13u – Copyright British Museum: 22r, 23or, 23mr, 23ul,
28m, 28r, 30l, 42m, 48ul, 48ur, 49u, 52ur, 57u und 63um
– Peter Clayton: 18l, 25mr, 34ol and 37um – C. M. Dixon:
10l, 12ul, 14o, 15ul, 17ol, 17mr, 20ul, 24ul, 25or, 25ur, 26l,
26r, 27l, 29ol, 29om, 29or, 30r, 32/33, 33ul, 34or, 34u, 35o,
35m, 37ol, 37or, 38ur, 40ml, 40or, 41ul, 44o, 45ol, 45ml,
45ul, 47o, 47m, 48or, 49ol, 50ol, 50ur, 51ol, 55ol, 55u,
56l, 57or, 58or, 58ul, 58ur, 6ol, 6or, 62o, 63m,
Innentitel, Umschlagvorderseite und Umschlag-
rückseite – Geoscience Features Picture Library:
61or – Sonia Halliday Photographs: 15ol, 38or
und 63l – Michael Holford Photographs: 3o, 5or,
12or, 12ur, 16, 22l, 28l, 29ur, 37ul, 40ul, 40ur,
45ur, 46ul, 51or, 51ul, 53ul, 54ul, 61ol und 62ur –
Simon James: 43or und 43ur – Mary Evans Picture Library: 9ul, 9ur, 10r, 20or, 29ul, 44u, 54ur, 56r
und 59o – Planet Earth Pictures Ltd.: 5u – Tony Sto-
ne Images: 4/5 – Visual Arts Library: 39or und 46/47
– Werner Forman Archive: 21ul und 53o – Zefa: 8r, 15ur
und 47u.
Unser spezieller Dank gilt Mike Alexander, Jason
Chippington und Graham Shred, die freundlicherweise
das Fotografieren ihrer Schlangen erlaubt haben.
Keinem Tier wurde bei den Arbeiten an diesem Buch
Schaden zugefügt.

INH

A L T

Der Körper ist lang und dünn geformt und er ist beinlos und biegsam.

Harte Schuppen schützen den Körper vor Verletzungen und dem Austrocknen.

SCHLANGEN-LEBEN

Schlangen sind wunderschöne, im Verborgenen lebende Tiere. Sie stellen eine Unterordnung der Kriechtiere bzw. Reptilien dar und sind mit den Echsen, Krokodilen und Schildkröten verwandt. Insgesamt gibt es über 2700 verschiedene Schlangenarten, von denen aber nur rund 300 dazu in der Lage sind, Menschen zu töten. In Nordamerika und Europa liegt die Wahrscheinlichkeit, von einem Blitz getroffen zu werden, höher als die, von einer Giftschlange gebissen zu werden.

Alle Schlangen weisen bestimmte Merkmale auf: Ihre Körper sind lang gestreckt, sie haben weder Beine noch Augenlider noch Außenohren und ihre Zungen sind gespalten. Alle Schlangen sind Fleischfresser und verschlingen ihre Beutetiere im Ganzen. Schlangen haben in Mythen und Legenden immer eine besondere Rolle gespielt.

SCHLANGENSCHWANZ

Als Schwanz bezeichnet man den Teil, der hinter einer kleinen Körperöffnung liegt, die Kloake heißt und durch die Ausscheidungen aus dem Körper gelangen. An dieser Stelle wird die Schlange schmaler. Bei männlichen Tieren ist der Schwanz meistens länger als bei weiblichen.

Ringelnatter

Der Schwanz ist der Teil des Körpers, der spitz zuläuft.

SCHLANGENKOPF

So wie bei dieser Ringelnatter kann man bei den meisten Schlangen Kopf und Hals recht deutlich erkennen. Bei manchen Schlangen sehen allerdings beide Körperenden ziemlich gleich aus. Am Kopf sind jedoch Augen, Nasenlöcher und eine Mundöffnung zu erkennen – am Schwanz dagegen nicht!

Klapper-schlange

GESPALTENE ZUNGEN

Schlangen haben, als einzige Tiere neben ein paar wenigen Echsenarten, gespaltene Zungen. Indem sie züngeln, schmecken und riechen sie die Luft und nehmen so war, wie ihre Umgebung beschaffen ist. Bei der Jagd oder bei drohender Gefahr züngeln Schlangen alle paar Sekunden. Mit ihrer Zunge kann dich eine Schlange nicht stechen – wenn sie dich mit ihr berührt, gewinnt sie damit nur Informationen über dich.

Kolumbianische Regen-bogenboa

SCHUPPENPANZER

Der Körper einer Schlange liegt geschützt unter einer harten Schuppenschicht. Die Schuppen wachsen aus der Haut heraus und bedecken die Haut für gewöhnlich vollständig. Nach einer großen Mahlzeit dehnt sich das Schuppenkleid jedoch, sodass die Haut sichtbar wird. Der Schuppenpanzer ist so beweglich, dass sich die Schlange dehnen, einrollen und krümmen kann. Wenn du die Schuppen einer Schlange berührst, wirst du feststellen, dass sie nicht glitschig, sondern ganz trocken sind.

Schon gewusst? Eine Boa erwürgt ihre Beute mithilfe ihrer Körperwindungen.

Kaiserboa

Schon gewusst? Schlangen fühlen sich nicht glitschig an.

MEDUSA

Eine alte griechische Sage erzählt von der Medusa, einem Fabelwesen mit Schlangenhaaren. Jeder, der sie anschaute, verwandelte sich sofort zu Stein. Perseus schaffte es, diesem Schicksal zu entgehen, indem er seinen blanken Schild hochhielt und nur das Spiegelbild der Medusa anschaute, das er in diesem jetzt sehen konnte. Er enthauptete dann das Ungeheuer und nahm den blutüberströmten Kopf mit zu sich nach Hause. Jeder Blutstropfen, der auf dem Weg dorthin zu Boden fiel, verwandelte sich sofort in eine Giftschlange, die man Viper nennt.

Schon gewusst? Die meisten Schlangen legen Eier, einige Arten sind jedoch lebend gebärend.

Auge ohne Augenlid

gespaltene Zunge

FORMEN UND GRÖSSEN

Kannst du dir eine Schlange vorstellen, die so lang ist, dass sie vom Boden bis zum Dach eines dreistöckigen Hauses reicht? Eine solche Schlange gibt es wirklich – der Netzpython! Die Körper dieser Schlangen sind dick und kräftig und können einen Umfang von über 90 Zentimeter aufweisen. Wieder andere Schlangen sind dünn wie ein Bleistift und so klein, dass sie bequem in deinen Handteller passen würden. Schlangen haben ganz unterschiedliche Formen, um sich so ihren mannigfaltigen Lebensräumen anzupassen. Seeschlangen haben zum Beispiel flache Körper und abgeplattete Schwänze, die wie Ruder aussehen. Wühlschlangen hingegen sind wie Schläuche geformt.

KRÄFTIG UND DÜNN

Vipern haben meistens kräftige Körper, dafür aber vergleichsweise dünne, kurze Schwänze. Die Giftdrüsen auf beiden Seiten eines Vipernkopfes benötigen viel Platz – daher ist er recht groß und breit. Meistens hat der Kopf die Form eines Dreiecks.

Nashornviper

LANG UND SCHLANK

Baumschlangen sind oft lang und schlank. Dies gestattet ihnen, mühelos durch Blätter hindurch und auf Ästen entlang zu kriechen. Ihr Kopf ist sehr leicht – so ist sichergestellt, dass er das Tier nicht nach unten zieht, wenn es sich nach dem nächsten Ast streckt. Beim Klettern wickeln Baumschlangen ihren langen Schwanz um Äste herum und halten sich so gut fest.

Australische Bronzenatter

GANZ SCHÖN GROSS

Der Kopf einer Abgottschlange in Lebensgröße: Er ist ungefähr 15 Zentimeter lang. Abgottschlangen können bis zu 10 m lang werden. Sie gehören wie die Pythons und Anakondas zu den Riesenschlangen.

Schon gewusst? Die kürzeste Schlange der Welt, die Schlankblindschlange, wird nur etwas über 11 Zentimeter lang.

Abgottschlange

Schlankblindschlange

DIE KLEINSTE SCHLANGE

Zu den kleinsten Schlangen der Welt zählen die Blindschlangen und die Wurmschlangen. Diese Kleinschlangen werden gerade mal 40 Zentimeter lang. Sie besitzen robuste Schädel, mit denen sie sich durch die Erde bohren können. Ihre Körper sind von weichen, glänzenden Schuppen bedeckt; dadurch können sie ohne großen Widerstand durch die Erde kriechen.

SCHLANKE SCHLANGEN

Strumpfbandnattern haben schmale Köpfe, weil sie nicht giftig sind und daher in ihrem Kopf auch keinen Platz für Giftdrüsen benötigen. Der Körper der Strumpfbandnatter ist schlank und kurz – sie wird nur zwischen 30 und 120 Zentimeter lang. Die Strumpfbandnatter verdankt ihren Namen ihrer Streifenzeichnung, die den Mustern auf altmodischen Strumpfbändern ähnelt.

Strumpfband-
natter

Baumschlange

Wühl-
schlange

Viper

Python

KÖRPERFORMEN VON SCHLANGEN

Bei den Schlangen gibt es grundsätzlich vier verschiedene Körperformen: lang und rund (wie eine Python), kurz und kräftig (wie eine Natter), lang und schlank (wie eine Wühlschlange), und lang und schlank mit spitzem Kopf (wie eine Baumschlange).

Eierschlange

Die Schlange hat ein ganzes Ei verschlungen. Zum Glück sind Hals und Darm der dünnen Schlange elastisch, sodass sie sich weit genug dehnen können, um eine derartig umfangreiche Mahlzeit aufzunehmen. Der Hals und der vordere Darmbereich sind auch sehr muskulös; sie pressen Nahrung direkt nach hinten zum Magen der Schlange. Auf seinem Weg dorthin zerbricht das Ei.

KÖRPERBAU

D as Innere einer Schlange entspricht ihrer lang gestreckten Gestalt. Das Rückgrat geht durch den ganzen Körper und trägt hunderte von Rippenknochen. Da für innere Organe wie Herz, Lunge, Nieren und Leber nicht viel Platz zur Verfügung steht, sind diese sehr schlank gebaut. Viele Schlangen verfügen über nur einen Lungenflügel. Der Magen und der Darm sind sehr dehnbar, um große Mahlzeiten aufnehmen zu können. Wenn eine Schlange ein Beutetier verschlingt, hebt sie die Öffnung ihrer Luftröhre vom Mundboden ab, damit sie weiter atmen kann. Schlangen sind Kaltblüter – das bedeutet: Die Temperatur ihres Körpers entspricht immer der ihrer Umgebung. Daher leben die meisten Schlangen in warmen Umgebungen, in denen sie rund um die Uhr aktiv bleiben können.

Der rechte Lungenflügel ist sehr lang und schlank; er erfüllt die Aufgabe von zwei Lungenflügeln.

Leber

Der biegsame Schwanzknochen setzt am Ende des Rückgrats an.

Gebänderte Felsenklapperschlange

DAS INNENLEBEN DER SCHLANGE

Diese schematische Zeichnung zeigt, wie es im Inneren eines Schlangenmännchens aussieht und wo die wichtigsten Organe sitzen. Bei den meisten Tieren haben paarweise auftretende Organe wie die Nieren oder die Lungenflügel die gleiche Größe und sitzen einander gegenüber. Im Laufe der Entwicklung der Schlangen ist bei manchen Arten jedoch der linke Lungenflügel ganz verschwunden.

AUFWÄRMEN UND ABKÜHLEN

Wie alle Schlangen ist die Felsenklapperschlange ein Kaltblüter. Bei diesen liegt die Hauptquelle ihrer Körperwärme außerhalb ihres Körpers. Um ihre Körpertemperatur zu erhöhen oder zu senken, muss die Felsenklapperschlange in die Sonne bzw. in den Schatten kriechen.

Durch die Afteröffnung gelangen Ausscheidungen in die Kloake.

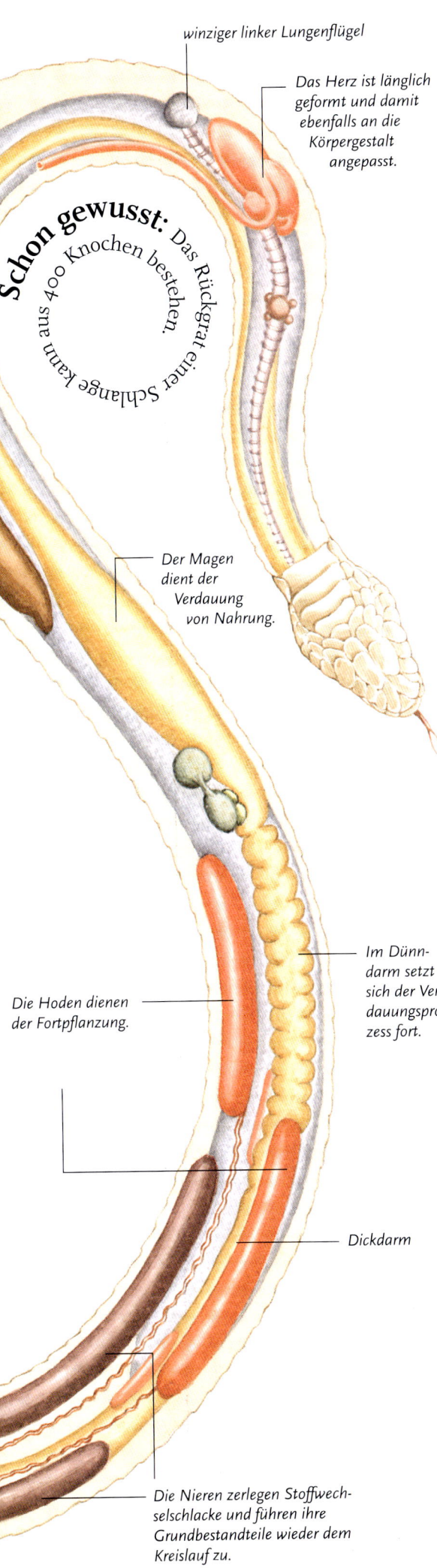

Schon gewusst: Das Rückgrat einer Schlange kann aus 400 Knochen bestehen.

winziger linker Lungenflügel

Das Herz ist länglich geformt und damit ebenfalls an die Körpergestalt angepasst.

Der Magen dient der Verdauung von Nahrung.

Die Hoden dienen der Fortpflanzung.

Im Dünndarm setzt sich der Verdauungsprozess fort.

Dickdarm

Die Nieren zerlegen Stoffwechselschlacke und führen ihre Grundbestandteile wieder dem Kreislauf zu.

SCHLANGENKNOCHEN

Auf dieser Röntgenaufnahme einer Ringelnatter kannst du Knochen erkennen, aus denen ihr Skelett besteht. Es weist weder Arm-, Bein- und Schulterknochen noch Hüftbeine auf. Wenn du genau hinsiehst, kannst du erkennen, dass sich die Rippen nicht bis zur Schwanzspitze fortsetzen. Schlangenknochen sind sehr dünn und brechen leicht.

Skelett einer Viper

SKELETT

Aus dem Rückgrat entspringen viele Rippen. Die unteren Enden der Rippen sind durch Muskeln miteinander verbunden und bilden so einen Schlauch aus Knochen und Muskeln, der die Organe schützt. Die frei beweglichen Wirbel des Rückgrats ermöglichen es der Schlange, sich zu krümmen und einzurollen.

SCHUPPIGE HAUT

SCHLANGE MIT HORN

Wie es ihr Name bereits andeutet, trägt die Hornotter ein merkwürdiges Horn auf ihrer Nase. Es besteht aus kleinen Schuppen, die auf einer knochigen oder fleischigen Ausstülpung sitzen. Bislang ist noch ungeklärt, welche Funktion dieses Horn hat. Die Schaufelnasenschlangen tragen große Schuppen auf ihren Nasenspitzen, mithilfe derer sie sich durch den Boden wühlen.

Bei den Schuppen der Schlangen handelt es sich um besonders dicke Hautstücke. Wie eine Ritterrüstung schützen sie die Schlange. Die Schuppen bestehen normalerweise aus einem hornartigen Stoff, den man Keratin nennt. Aus ihm bestehen sowohl deine Haare sowie Fuß- und Fingernägel als auch die Klauen, Hufe und Federn von vielen Tieren. Der Körper der Schlange ist vollständig von einer Schuppenschicht bedeckt. Das gilt sogar für die Augen: Die durchsichtige, blasenartige Schuppe, die jedes Auge schützt, bezeichnet man als „Brille". In den Schuppen der meisten Schlangen befinden sich auch die Farbstoffe, die ihnen ihre mannigfaltigen Farben verleihen. Hin und wieder wächst der Schlange unter der alten Haut ein neues, glänzende Schuppenkleid. Sobald es fertig ist, windet sie sich aus der toten Haut heraus.

Hornotter

BAUCHSCHIENEN

Die meisten Schlangen tragen auf der gesamten Unterseite ihres Körpers eine Reihe breiter Schuppen, die man Bauchschienen nennt. Sie ermöglichen es der Schlange, sich beim Kriechen im Untergrund festzukrallen – sie wirken also wie die Kettenglieder eines Raupenschleppers. Bei vielen Wühl- und Wasserschlangen fehlen die Bauchschienen jedoch.

Bauchschienen
einer Kornnatter

WARNRASSEL

Klapperschlangen haben am Schwanzende eine Reihe von lose miteinander verbundenen Ringen aus Horngewebe, die so genannte Rassel oder Klapper. Wenn diese hin- und hergeschüttelt wird, erzeugt sie ein zischelndes Geräusch. Mit ihm warnt die Schlange ihre Feinde Abstand zu halten. Jedesmal wenn sich eine Klapperschlange häutet, wird die Rassel um einen Ring länger.

Rassel einer
Klapperschlange

HAUTSCHUPPEN

Die Schuppen wachsen aus der oberen Hautschicht, der so genannten Epidermis, heraus. Es gibt unterschiedliche Arten von Schuppen: Gekielte Schuppen sorgen für einen festen Kontakt mit dem Untergrund; sie dienen aber auch zur Tarnung, indem sie die Umrisslinien der Schlange unscharf werden lassen. Bei wieder anderen Schlangen sorgen glatte Schuppen dafür, dass sie sich leichter durch enge Stellen hindurchzwängen können.

Wenn du dir die rauen Schuppen der Puffotter (links) genau ansiehst, kannst du die höckerige Längsrippe erkennen, die sich in der Mitte jeder Schuppe erhebt.

Schon gewusst? Die meisten Schlangen verdanken ihre Färbung Farbpigmenten, die in den Schuppen eingelagert sind.

Kornnatter

Die Warzenschlange (rechts) hält ihre Nahrung mithilfe ihrer dachziegelartigen Schuppen fest. Sie haben eine raue Oberfläche und gestatten es der Schlange, einen glitschigen Fisch bis zum Verschlingen festzuhalten.

EWIGE JUGEND

Ein Gedicht, das vor ungefähr 3700 Jahren im Mittleren Osten geschrieben wurde, erzählt, warum sich Schlangen häuten können. Die Hauptfigur des Gedichtes heißt Gilgamesch (hier hält er gerade einen gefangenen Löwen im Arm). Er findet eines Tages eine Zauberpflanze, die Menschen verjüngen kann. Doch während er sich an einem Teich wäscht, frisst eine Schlange die Pflanze auf. Seither, so das Gedicht, können Schlangen sich häuten und wieder jung werden. Den Menschen ist es jedoch nie mehr gelungen, die Pflanze der Ewigen Jugend zu finden – daher altern sie und sterben schließlich.

Hier links sind die grünen Schuppen und die darunter liegende blaue Haut einer Boa zu sehen. Die glatten Schuppen sorgen dafür, dass die Boa mühelos durch blattreiches Geäst kriechen kann. Auch Wühlschlangen besitzen glatte Schuppen.

Schon gewusst? Durch die gekräuselten Schuppen sieht die Buschviper aus als hätte sie ein Fell.

1. BEREIT ZUR HÄUTUNG
In der Zeit vor der Häutung sind Schlangen träge und reizbar und ihre Körperfarbe ist stumpf. Sobald sich die Schuppenkapseln über den Augen lösen, nehmen diese einen trüben Ausdruck oder eine bläuliche Färbung an. Ungefähr 24 Stunden vor der Häutung werden die Augen wieder klar.

EINE NEUE HAUT

Faszinierend ist die beinah magische Fähigkeit der Schlangen, sich aus ihrer alten, zu eng gewordenen Haut herauszuwinden und sich dann mit einer hell glänzenden neuen Haut zu präsentieren. Anders als wir Menschen, die ständig alte Hautpartikel verlieren und gleichzeitig neue Haut bilden, werfen Schlangen ihre alte Haut samt Schuppen in einem Stück ab. Diesen Vorgang nennt man Häutung. Schlangen können sich erst häuten, wenn sich unter der alten Haut eine neue Schuppen- und Hautschicht gebildet hat. Erwachsene Schlangen häuten sich bis zu sechs Mal im Jahr.

2. DER ERSTE RISS
Die hauchdünne Schuppen- und Hautschicht löst sich zuerst im Mundbereich ab. Die Schlange reibt sich mit den Unterkieferseiten und dem Kinn an Steinen oder rauer Rinde und kriecht durch Pflanzen. Das unterstützt das Abstreifen der lockeren Hautschicht.

Schon gewusst? Neugeborene Schlangen häuten sich schon wenige Tage nach der Geburt zum ersten Mal.

3. DAS ABSCHÄLEN

Die äußere Hautschicht löst sich allmählich vom Kopf ausgehend in Schwanzrichtung ab. Die Schlange gleitet aus ihrem alten Schuppenhemd heraus, das dabei auf links gewendet wird. Eine Schlange braucht normalerweise mehrere Stunden, um sich zu häuten.

4. NACH DER HÄUTUNG

Die abgestreifte Haut ist kurz nach der Häutung noch feucht und geschmeidig, trocknet dann aber schnell aus und wird knittrig und spröde. Sie ist sehr dünn und trägt genau das gleiche Schuppenmuster wie die Schlange selbst. Wenn du eine abgestreifte Schlangenhaut gegen das Licht hältst, kannst du feststellen, dass sie beinahe durchsichtig ist.

Schon gewusst? Schlangenweibchen häuten sich oft, bevor sie Junge auf die Welt bringen.

5. DIE ALTE HAUT

Das abgestreifte Schuppenhemd ist länger als die Schlange selbst. Das kommt daher, weil es sich dehnt, während sich die Schlange von ihm befreit. Die neue Haut des Tieres glänzt in leuchtenden Farben und ist deutlich gemustert.

IMMER IN BEWEGUNG

Dafür, dass sie keine Beine haben, können sich Schlangen erstaunlich gut fortbewegen. Sie können auf oder im Boden kriechen, auf Bäume hinaufklettern und durchs Wasser schwimmen. Einige Schlangen vermögen sogar durch die Luft zu segeln. Schlangen sind allerdings nicht sehr schnell. Die meisten kommen gerade mal auf eine Geschwindigkeit von etwas über 3 km/h. Mithilfe ihres beweglichen Rückgrates und der Muskeln erzeugen Schlangen weiche Schlängelbewegungen. Diese drücken den Körper von Bodenunebenheiten ab und schieben ihn nach vorne. Es gibt vier unterschiedliche Kriecharten: das Schlängeln, das Raupenkriechen, das Ziehharmonikakriechen und das Seitenwinden.

Schon gewusst? Ein Mensch kann schneller gehen als die meisten Schlangen kriechen können.

Kornnatter

SCHLÄNGLER

Die meisten Schlangen bewegen sich schlängelnd vorwärts. Sie drücken sich mit ihren Körperwindungen seitlich vom Untergrund des Terrains ab, das sie durchqueren wollen. Eine Spur, die eine Schlange auf Sand hinterlässt, weist daher ganz charakteristische Merkmale auf: Jeweils auf der Außenseite jeder S-förmigen Windung ist der Sand durch den Druck, den die muskulöse Schlange auf ihn ausgeübt hat, zu einer leichten Erhebung aufgeworfen.

Blaugebänderte Ruderschlange

ZIEHHARMONIKA-SCHLANGE

Manche Schlangen bewegen sich auf eine Art und Weise fort, die an die Bewegung einer Ziehharmonka erinnert: Zuerst hält sie sich mit dem hinteren Ende ihres Körpers auf dem Untergrund fest, während sie den vorderen Teil des Körpers nach vorne ausstreckt. Anschließend verankert die Schlange das Vorderende im Untergrund und zieht dann das Hinterende heran.

SCHWIMMEN

Die markanten Streifen der Blaugebänderten Ruderschlange stechen deutlich hervor, während sie sich mühelos durch das Wasser schlängelt. Seeschlangen drücken sich zum Schwimmen nicht vom Boden, sondern vom Wasser ab. Der Schwanz einer Seeschlange ist seitlich zusammengedrückt. Er wirkt wie das Ruder eines Ruderbootes und ermöglicht dem Tier eine besonders schnelle Fortbewegung.

Baumschnüffler

SEITENWINDEN

Diese Fortbewegungsweise ist bei Schlangen üblich, die auf losem Sand leben. Die Schlange verankert dabei ihren Kopf und ihr Schwanzende im sandigen Untergrund, hebt ihren Körper in der Mitte an und wirft ihn dann seitwärts nach vorne. Dann verlagert sie ihr Gewicht auf den mittleren Teil des Körpers, hebt Kopf und Schwanz an und wirft diese nun ebenfalls seitwärts nach vorne.

Schon gewusst? Die schnellste an Land lebende Schlange ist die Schwarze Mamba: Sie bringt es auf fast 11 km/h.

IMMER IN BEWEGUNG

Es gibt vier verschiedene Arten der Fortbewegung:

1 Das Schlängeln: Die Schlange windet sich hin und her.

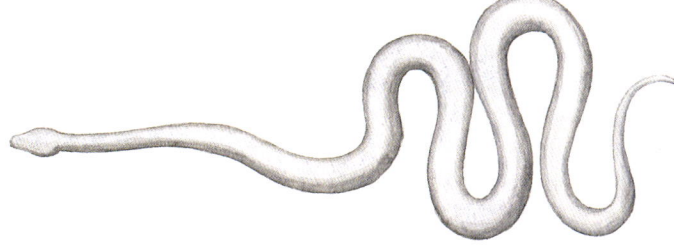

2 Das Ziehharmonikakriechen: Die Schlange streckt erst die vordere Hälfte ihres Körpers nach vorne und zieht dann die hintere Hälfte nach.

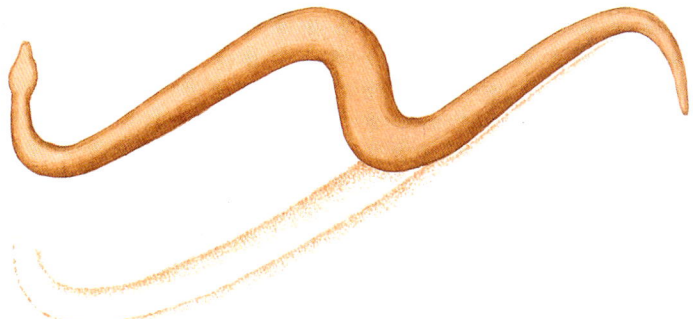

3 Das Seitenwinden: Die Schlange verankert Kopf und Schwanz am Boden und wirft dann den mittleren Teil ihers Körpers seitlich nach vorne.

4 Die Raupenbewegung: Die Schlange schiebt und zieht sich mithilfe ihrer Bauchschienen in einer geraden Bewegung nach vorne.

SEHVERMÖGEN

Das Fehlen von Lidern, die die Augen bedecken, verleiht dem Blick von Schlangen einen glasigen, starren Ausdruck. Das Sehvermögen ist von Art zu Art unterschiedlich gut entwickelt, aber alle Schlangen nehmen wohl eher Bewegungen wahr als die Gestalt von Dingen.

SINNESORGANE

Um ihre Beute aufzuspüren und Feinden auszuweichen, verlassen sich Schlangen mehr auf ihren Geruchs-, Geschmacks- und Tastsinn denn auf ihr Sehvermögen oder Gehör. Schlangen verfügen über ein Gehörknöchelchen, mit dem sie Erschütterungen des Bodens und vermutlich auch tiefe Töne wahrnehmen können. Neben den gewöhnlichen Sinnesorganen haben Schlangen noch ein paar ganz besondere: Sie zählen zu den ganz wenigen Tieren, die mit ihrer Zunge gleichzeitig schmecken und riechen können. Außerdem können ein paar Schlangen die Wärme, die ihre Beutetiere abgeben, mithilfe von temperaturempfindlichen Gruben wahrnehmen. Dazu ist kein anderes Tier in der Lage.

Grüner Baumpython

NACHTAKTIVE RÄUBER

Nachts öffnen sich die Augen der Hornviper ganz weit, um so viel wie möglich Licht aufzunehmen (oben). Tagsüber ziehen sich ihre Pupillen zu schmalen Schlitzen zusammen, um die Augen vor dem grellen Licht zu schützen (unten).

wärmeempfindliche Gruben

WÄRMEMELDER

Der Grüne Baumpython spürt Beutetiere auf, indem er die Wärme wahrnimmt, die von ihren Körpern ausgeht. Er besitzt längs der Lippen wärmeempfindliche Gruben, die von Nerven durchzogen sind. Sie ermöglichen es ihrem Träger, ein Beutetier selbst in absoluter Dunkelheit aufzuspüren und zu töten.

DIE GESPALTENE ZUNGE

Wenn Schlangen ihre Umgebung auskundschaften wollen, züngeln sie mit ihrer Zunge, um die Luft zu schmecken. Die gespaltene Zunge nimmt winzige chemische Duftteilchen aus der Luft oder dem Boden auf.

GEHÖR

Die Kobra kann den Schlangenbeschwörer nicht hören. Sie folgt vielmehr den Bewegungen der Flöte und richtet sich auf, um sich verteidigen zu können. Schlangen sind jedoch keineswegs taub. Der Unterkiefer nimmt Erschütterungen des Bodens auf und gibt sie an das kleine Gehörknöchelchen weiter. Aus diesen Schwingungen kann eine Schlange schließen, ob sich ein Tier nähert.

Schwarzschwanz-
Klapperschlange

DAS JACOBSONSCHE ORGAN

Jedesmal, wenn eine Schlange ihre Zunge in ihren Mund zurückzieht, drückt sie die Zipfel ihrer gespaltenen Zunge in die Öffnungen des Jacobsonschen Organs. Dieses Organ wertet Geschmäcke und Gerüche aus. Es übermittelt dem Gehirn Informationen über Nahrung, Feinde, Geschlechtspartner und andere wichtige Dinge.

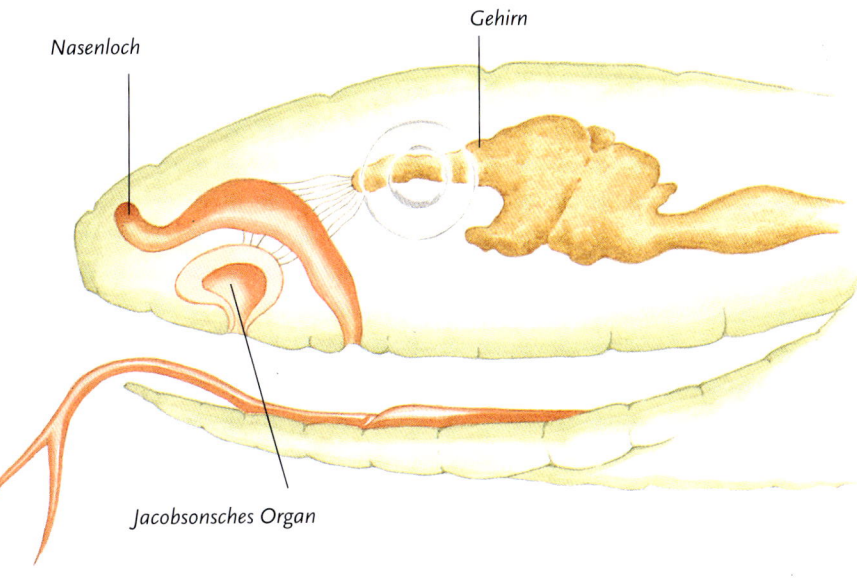

Gehirn

Nasenloch

Jacobsonsches Organ

ERNÄHRUNG UND JAGD

Alle Schlangen sind Räuber: Sie fangen und fressen andere Tiere. Je nach Größe, Lebensraum und Art bevorzugen Schlangen unterschiedliche Nahrung: Manche nehmen eine sehr vielfältige Nahrung zu sich, andere haben sich auf ganz bestimmte Dinge spezialisiert. Wurmschlangen fressen z. B. nur Schnecken, Eierschlangen nur Eier von Vögeln und Kriechtieren. Einige Schlangen, wie z. B. die Königsnatter, jagen und fressen auch Artgenossen. Schlangen müssen jede ihrer Mahlzeiten möglichst optimal verwerten, da sie wegen ihrer Langsamkeit nicht oft Beute machen. Glücklicherweise benötigt der Körper der Schlange nur wenig Energie, sodass sie monatelang ohne Nahrung auskommen kann. Zudem liegen viele Schlangen lieber passiv auf der Lauer und warten, bis die Beute zu ihnen kommt, anstelle diese aktiv zu jagen.

Ratten-schlange

BAUMJÄGER
Eine Rattenschlange hat mit ihrem Maul eine junge Drossel gepackt und ist gerade im Begriff, sie zu verschlingen und zu verdauen. Rattenschlangen können gut klettern; oft winden sie sich auf Bäumen hinauf, um Jungvögel, Eier oder Eichhörnchen aufzuspüren.

Schon gewusst? Einige Boas ernähren sich von Fledermäusen.

Fühlerschlange

FISCHGERICHT
Wie viele andere Schlangen lebt die Fühlerschlange von Fisch. Fühlerschlangen verstecken sich vermutlich zwischen Wasserpflanzen und packen dann Fische, die vor ihnen vorbeischwimmen. Mit ihren schlanken Köpfen und Hälsen können Seeschlangen Fische aufstöbern, die sich hinter Steinen, in Korallen oder in Schlammhöhlen verstecken.

SCHLAUE FALLE
Die in Australien und Neuguinea verbreitete Todesotter besitzt eine hell gefärbte Schwanzspitze, die einem Wurm täuschend ähnlich sieht und die sie zum Ködern von Beutetieren einsetzt: Die Todesotter bringt so Eidechsen, Vögel und kleine Säugetiere dazu, sich in die Reichweite ihrer tödlichen Giftzähne zu begeben.

Todes-otter

Afrikanische Eierschlange

EIERSCHLANGEN

Die Schlange prüft mit ihrer Zunge, ob ein Ei frisch ist, dann verschlingt sie es. Mithilfe der spitzen verlängerten Fortsätze der Wirbel knackt sie anschließend die Eierschale. Zum Schluss schluckt sie das Eidotter und das Eiweiß und würgt die Eierschalen wieder aus.

ÜBERRASCHUNGSANGRIFF

Eine Maus ist das Mittagessen dieser Gabunviper. Um an sie heranzukommen, versteckt sich die Gabunviper auf dem Waldboden in trockenem Laub. Dort ist sie aufgrund ihrer Farbe und Zeichnung nur sehr schwer zu erkennen. Regungslos wartet sie, bis ein kleines Tier in ihre Nähe kommt.

Schon gewusst? Manchmal würgen Schlangen ihre Beute wieder hoch – lebend!

Gabunviper

Glattnatter

SCHLANGE VERSCHLINGT SCHLANGE

Diese Glattnatter frisst gerade eine Aspisviper. Die Viper passt genau in den Körper der Glattnatter. Dadurch lässt sie sich leichter verschlingen als Tiere, die größer sind. Die Aspisviper ist zwar giftig, doch das Gift macht der Glattnatter nicht aus. Königsnattern können ebenfalls giftige Klapperschlangen fressen, ohne dass sie dadurch Schaden nehmen.

ZÄHNE UND KIEFER

Die meisten Schlangen besitzen kurze, scharfe Zähne, die nach hinten gebogen sind. Diese Zähne sind gut zum Festhalten von Beutetieren geeignet, nicht aber dazu, diese zu zerteilen. Die Zähne sind nicht sehr stabil und brechen häufig ab, daher wachsen sie ständig nach. Giftschlangen verfügen außerdem über Zähne, die wesentlich größer als die übrigen sind. Diese Zähne heißen Fang- oder Giftzähne. Wenn die Schlange zubeißt, fließt das Gift durch die Giftzähne in das Beutetier, das es lähmt und seinen Körper zersetzt. Alle Schlangen verschlingen ihre Beutetiere mit dem Kopf voran und im Ganzen – selbst dann, wenn der Körper des Opfers größer ist als der der Schlange. Besondere aushängbare Kiefer ermöglichen es den Schlangen, ihr Maul extrem weit aufzusperren.

HINTENLIEGENDE GIFTZÄHNE

Ein paar Giftschlangen haben Giftzähne im hinteren Bereich des Mauls. Das Gift läuft in Furchen herab, die sich in den Giftzähnen befinden. Die südafrikanische Boomslang schlägt hier gerade ihre Zähne kräftig in den Körper eines Chamäleons, um ausreichend Gift in ihn zu spritzen.

Boomslang

SPERRANGELWEIT

Eine Schlegelsche Lanzenotter reißt ihr Maul auf, um einen Feind zu vertreiben. Ihre Giftzähne sind nach hinten gegen das Gaumendach hochgeklappt. Bei einem Angriff würden die Giftzähne rasch nach vorne herunterklappen.

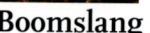

Bewegliche Giftzähne

EINKLAPPBARE GIFTZÄHNE

Es gibt drei Schlangenfamilien, die die Giftzähne vorne im Maul tragen: Giftnattern, Vipern und Grubenottern. Schlangen, die zu den letzten beiden Familien zählen, haben lange Giftzähne, die nach hinten hochgeklappt werden können. Wenn sie auf ein Beutetier zustoßen, drehen sich die Giftzähne nach vorne.

Schädel einer Viper

Oberkiefer

Kiefer-gelenk

Unterkiefer

Python-Schädel

Zähne

DEHNBARER SCHLUND

Wenn eine Schlange ihre Beute verschlingt, sorgen Gelenke am hinteren Ende des Unterkiefers dafür, dass dieser ganz weit nach unten klappen kann. Der Unterkiefer besteht aus zwei Hälften, die vorne durch ein elastisches Band miteinander verbunden sind. Dadurch können sich die beiden Unterkieferhälften unabhängig voneinander bewegen: Während die eine Hälfte die Beute festhält, sucht die andere weiter vorne einen neuen Halt. Ein ausgewachsener Python kann ein Beutetier verschlingen, das doppelt so groß wie sein eigener Kopf ist.

EINFACHE ZÄHNE

Da Pythons keine Giftschlangen sind, haben alle ihre Zähne die gleiche Größe. Damit ein Python seine Beute gut festhalten kann, sind sie rückwärts gerichtet. Schlangenzähne sitzen an den Innenseiten der Kieferbögen. Die Ersatzzähne wachsen unter den vorhandenen Zähnen heran.

Feststehende Giftzähne

VORNELIEGENDE GIFTZÄHNE

Bei allen Giftnattern, wie z. B. den Kobras, Mambas, Korallenschlangen und Plattschwänzen, sitzen die Giftzähne vorne im Maul. Anders als bei den Vipern und Grubenottern sind diese jedoch kurz und feststehend. Mithilfe von Muskelkontraktionen pumpen die Schlangen ihr Gift in die Beute.

Schon gewusst? Die Gabunviper besitzt von allen Schlangen die längsten Giftzähne.

Kobra-Schädel

WÜRGER UND GIFTMÖRDER

Manche Schlangen packen ihre Beute und verschlingen sie lebend. Die meisten töten ihre Opfer jedoch, bevor sie sie auffressen. Schlangen müssen ihre Beute schnell überwältigen – Opfer, die sich wehren, stellen ein großes Risiko dar. Schlangen töten ihre Beute hautpsächlich auf zwei Arten: Sie vergiften sie oder sie quetschen sie zu Tode. Schlangen, die Tiere totdrücken, heißen Würgeschlangen. Die Opfer ersticken oder sterben an dem Schock, den sie erleiden. Um die Beute zu verschlingen, spreizen Schlangen ihre Kiefer sehr weit auf. Große Mengen von schleimigen Speichel unterstützen das Hineingleiten der Nahrung. Nach dem Fressen gähnen Schlangen kräftig, um ihre Kiefer wieder einzuhängen. Der Verdauungsvorgang dauert dann meistens mehrere Tage oder sogar Wochen.

EIN BESONDERS GROSSER HAPPEN
Diese Perlnatter verschlingt gerade einen Frosch. Er hat sich mit Luft aufgepumpt, um ihr das Fresse zu erschweren. Gelegentlich fressen Schlangen Frösche mit den Hinterbeinen voran; dann können sie die Luft, die im Frosch ist, durch seinen Mund herausdrücken.

Gewöhnliche Lanzenotter

Kupferkopf

VOLLE DEHNUNG
Diese Gewöhnliche Lanzenotter verspeist eine ganze Agouti-Rennmaus. Sie ist vermutlich die gefährlichste Schlange Südamerikas. Es handelt sich bei ihr um eine große Grubenotter, die mit Gift tötet.

GIFTMÖRDER
Ein Kupferkopf hält sein Beute fest. Kupferköpfe sind die häufigsten Giftschlangen des östlichen Nordamerika. Sie halten sich oft in der Nähe von Häusern auf, aber ihr Gift ist nur schwach und sie beißen selten Menschen. Neben Mäusen fressen sie auch Frösche, Kröten und Salamander.

Felsenpython

Schon gewusst? Pythons können Leoparden töten und fressen.

Gefleckter Python

LANGSAMER TOD

Ein Krokodil wird langsam von einem Felsenpython zu Tode gedrückt. Wie lange eine Würgeschlange braucht, um ihre Beute zu töten, hängt von deren Größe und Kraft ab. Kleine Tiere schafft sie mitunter binnen Sekunden, während der Todeskampf bei größeren Tieren oft viel länger dauern kann.

Schon gewusst? Königskobras töten gelegentlich Indische Elefanten, indem sie sie in den Rumpf beißen.

WICKELWÜRGER

Der Gefleckte Python schlägt seine scharfen Zähne tief in sein Opfer. Dann wickelt er sich in zwei oder mehr Schlingen um dessen Körper. Jedes Mal wenn nun das Beutetier ausatmet, zieht der Python seine Schlingen weiter zusammen. Am Ende kann das Beutetier in der tödlichen Umklammerung überhaupt nicht mehr einatmen.

Teppichpython

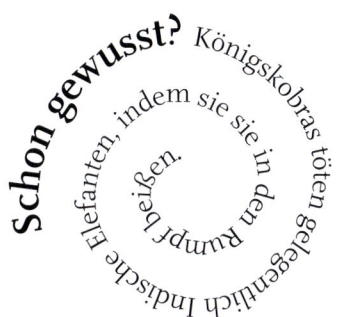

ATEMRÖHRE

Ein afrikanischer Python präsentiert seine Atemröhre. Damit während dem Verschlingen der Beute die Schlange keine Atemprobleme bekommt, wandert die Öffnung der Luftröhre in den vorderen Bereich des Mauls. Auf diese Weise kann Luft zur Lunge gelangen und wieder ausgeatmet werden, während die Schlange frisst.

MIT DEM KOPF VORAN

Die Hinterbeine dieses Kängurus verschwinden als Letztes im Körper des Teppichpythons. Schlangen versuchen normalerweise, ihre Beutetiere mit dem Kopf voran zu verschlingen, damit sich deren Beine, Flügel oder Schuppen an den Körper anlegen und sie so leichter zum Schlangenmagen hinunterrutschen können.

1. AUF DER SUCHE NACH NAHRUNG

Rattenschlangen ernähren sich von Nagetieren, Eidechsen, Vögeln und Eiern. Viele von ihnen gehen nachts auf die Jagd. Sie sind gute Kletterer und können sogar an Bäumen hochsteigen, deren Stamm eine glatte Rinde hat und astfrei ist. Rattenschlangen folgen der Duftspur der Beute oder sie lauern ihr auf.

ES IST ANGERICHTET!

Diese Rattenschlange tötet gerade eine Wühlmaus mithilfe ihrer muskulösen Schlingen. Nachdem sie die Wühlmaus aufgespürt hat, kriecht sie so nahe heran, bis sie schnell zustoßen kann. Wenn sie dann die Wühlmaus fest zwischen ihren scharfen Zähnen gepackt hat, schlingt sie sich um deren Körper. Sie zieht ihre Schlingen kräftig zusammen und sorgt so dafür, dass die Wühlmaus nicht mehr atmen kann. Sobald die Wühlmaus tot ist, verschlingt sie ihre haarige Mahlzeit mit dem Kopf voran.

2. ZÄHNE UND SCHLINGEN

Die Rattenschlange schnappt blitzschnell zu und schlägt ihre scharfen Zähne in den Körper ihres Opfers, damit es nicht davonrennen oder wegfliegen kann. Dann schlingt sie sich so fest wie möglich um ihr Opfer, bevor es sich mit Beißen oder Kratzen zur Wehr setzen kann.

3. IM SCHWITZKASTEN

Jedes Mal, wenn das Beutetier ausatmet, zieht die Rattenschlange ihren Würgegriff ein bisschen fester um dessen Brustkorb zu, sodass es nicht mehr einatmen kann. Dem Beutetier fällt das Atmen immer schwerer. Schließlich kann es überhaupt nicht mehr atmen und erstickt.

4. SPERRANGELWEIT

Sobald das Opfer tot ist, wickelt sich die Schlange von der Beute ab und fängt mit dem zeitraubenden Verschlingen an. Vorher züngelt sie manchmal noch kurz gegen das Tier, um herauszufinden, wo dessen Kopf ist. Dann hängt sie ihren Unterkiefer aus und schiebt ihr Maul über ihre Mahlzeit. Der ausgehängte Unterkiefer dehnt sich auch in der Breite auseinander und passt sich so genau der Gestalt des toten Beutetieres an.

5. DEHNBARER SCHLUND

Die Mahlzeit wird mit dem Kopf voran verschlungen. Während die Wühlmaus langsam in den Schlund der Schlange hineinrutscht, legen sich ihre Beine automatisch seitlich an ihren Körper an. Während die Mahlzeit in den Körper hineinrutscht, dehnt sich die Haut der Schlange. Die Schuppen gehen auseinander und lassen die darunter liegende Haut sichtbar werden.

6. AUF NIMMERWIEDERSEHEN

Während die Wühlmaus in den Körper der Schlange wandert, bewegen sich die Rippen im Vorderteil des Körpers auseinander, um Platz für den Wühlmauskörper zu schaffen. Zum Verschlingen eines kleinen Tieres braucht die Schlange zwar nur ein oder zwei Mal zu schlucken, bei einem großen Tier kann es allerdings eine Stunde und länger dauern, bis es ganz in der Schlange verschwunden ist.

GIFTSCHLANGEN

Weniger als ein Viertel aller Schlangen – also ca. 700 Arten – sind giftig und davon ist wiederum nur die Hälfte dazu in der Lage Menschen zu töten. Mit dem Gift können die Schlangen ihre Beute töten, ohne erst eine langen, kräftezehrenden Kampf mit ihr führen zu müssen. Es ist auch der Grund dafür, dass Giftschlangen weniger häufig von größeren Tieren, die scharfe Zähne und Klauen besitzen, verletzt werden. Manches Schlangengift wirkt auch direkt auf den Körper des Beutetieres – es macht ihn weich und somit für die Schlange leichter verdaubar. Es gibt hauptsächlich zwei Arten von Gift: Die eine greift das Blut und die Muskeln an, während die andere auf das Nervensystem wirkt und zu Herz- und Lungenversagen führt. Giftschlangen bewahren ihr Gift in den Giftdrüsen auf, die auf beiden Seiten des Kopf sitzen.

GIFTBISS

Dieser Kupferkopf bereitet sich gerade darauf vor zuzustoßen. Beißt sie zu, tritt bei den Opfern oft innerhalb weniger Sekunden oder Minuten der Tod ein. Der Zeitraum vom Biss bis zum Tod ist dabei abhängig von der Größe des Beutetieres und der Stelle, wo es die Schlange gebissen hat.

Speikobra

GIFTSPUCKER

Speikobras setzen ihr Gift sowohl zum Angreifen als auch zur Verteidigung ein. Eine Öffnung in den Giftzähnen gestattet es ihnen, einem Feind Gift ins Gesicht zu spritzen. Dabei zielen sie auf die Augen, denn das Gift verursacht Schmerzen und kann sogar zur Erblindung führen.

WARNFARBEN

Das grellbunte Streifenmuster der Korallenschlangen warnt Räuber davor, dass diese Schlangen sehr giftig sind. Es gibt über 50 verschiedene Arten von Korallenschlangen, die jedoch alle ein ähnliches Muster aufweisen. Die Räuber merken sich dieses Grundmuster und halten sich von allen Korallenschlangen fern.

Korallenschlange

Schon gewusst? Die Schwarzkopf-Seeschlange ist die giftigste Schlange der Welt.

GIFTZÄHNE VORAN!

Der Kupferkopf hat sein Maul weit aufgerissen und zeigt seine Giftzähne. Er verfügt über bewegliche Giftzähne, die er nach vorne ausklappt und somit einsatzbereit macht. Der Kupferkopf beißt seine Opfer eigentlich nicht, sondern „sticht" sie vielmehr. Muskeln, die rund um die Giftdrüsen sitzen, drücken dann Gift durch die Giftzähne hindurch in die Wunde.

Kupferkopf

Schwarze Mamba

BIBLISCHE SCHLANGE

Am Anfang der Bibel sorgt eine Schlange im Garten Eden für Ärger: Gott hieß Adam und Eva, nicht vom Baum der Erkenntnis zu essen. Eva ließ sich jedoch von der Schlange dazu verführen, gegen dieses Verbot zu verstoßen. Die Schlange erzählte Eva nämlich, dass sie so klug wie Gott selbst werden würde, wenn sie Früchte von dem Baum äße. Eva gab auch Adam von den Früchten zu essen. Zur Strafe für den Sündenfall wurden Adam und Eva aus dem Paradies vertrieben und die Schlange wurde dazu verdammt auf dem Bauche zu kriechen.

GIFT MELKEN

Auf diese Art gewonnenes Schlangengift wird hauptsächlich zur Herstellung von Schlangenserum verwendet, das zur Behandlung von Schlangenbissen bei Menschen eingesetzt wird.

Grüne Baumviper

VIPERN UND GRUBENOTTERN

Ottern, Vipern, Klapperschlangen, Kupferköpfe – sie alle zählen zu den Vipern und den Grubenottern, den beiden giftigsten aller Schlangenfamilien. Die Körper von Vipern und Grubenottern sind meistens von gedrungener, dickleibiger Gestalt. Ihre Köpfe, die von vielen kleinen Schuppen bedeckt sind, weisen überwiegend eine dreieckige Form auf. Ihre Schuppen sind außerdem alle gekielt. Die Vipern kommen nur in Europa, Asien und Afrika vor. Grubenottern wie die Klapperschlangen gibt es dagegen nur auf dem amerikanischen Kontinent und im südlichen Asien. Die meisten Vipern und Grubenottern sind lebend gebärend.

BAUMVIPER

Die Grüne Baumviper lebt hauptsächlich auf den Bäumen von tropischen Wäldern. Durch ihre grüne Farbe ist sie im Blattwerk gut getarnt. Dort lauert sie ihrer Beute auf. Sobald sie ein Tier erbeutet hat, muss sie es gut fest halten, damit es nicht vom Baum herunterfällt.

BALLONSCHLANGE

Wenn sich eine Puffotter bedroht fühlt, bläst sie sich wie ein Ballon auf, indem sie ihre Lunge voll Luft pumpt. Dadurch wird sie größer und wirkt gefährlicher. Puffottern zeichnen sich außerdem durch ein lautes fauchendes Zischen aus, das man ziemlich weit hören kann.

Puffotter

Klapperschlange

GRAUEN ERREGENDE GIFTZÄHNE

Diese Klapperschlange erforscht mit ihrer Zunge gerade ihre Umgebung. Wenn sie auf ein Beutetier zustößt, sticht sie mit ihren Giftzähnen dann ihr Opfer und spritzt ihm auf diese Weise blitzschnell ein hochwirksames Gift ein. Anschließend lässt sie von dem Tier ab; da es dann ziemlich schnell verendet, muss die Schlange es nicht festhalten. Für den Fall, dass es das Beutetier noch schafft sich zu verkriechen, kann die Schlange es leicht anhand seiner Duftspur wieder finden.

WÄRMEMELDER

Diese wunderschöne Sumatra-Lanzenotter hat auf beiden Seiten des Kopfes je eine wärmeempfindliche Grube. Sie haben die Fähigkeit, die Wärme zu spüren, die der Körper eines warmblütigen Tieres abstrahlt. Indem eine Grubenotter ihren Kopf hin- und herdreht, kann sie feststellen, wo sich ihr Beutetier befindet. Wenn beide Fühler die gleiche Wärmemenge vermelden, befindet es sich direkt vor ihr. Grubenottern können außerdem feststellen, wie weit ein Beutetier von ihnen entfernt ist, und entsprechend präzise zustoßen.

LANGSAME SCHLANGE

Aspisvipern bewegen sich sehr langsam. Sie sind sowohl am Tag als auch in der Nacht aktiv. Ihre Nahrung besteht hauptsächlich aus Mäusen, Eidechsen und jungen Vögeln, die ihr Nest noch nicht verlassen haben. Der Biss der Aspisviper ist normalerweise für Menschen nicht lebensgefährlich, aber sehr schmerzhaft.

Sumatra-Lanzenotter

VERTEIDIGUNG

Die meisten Schlangen, vor allem aber ihre Jungen und Eier, stehen bei vielen Tieren ganz oben auf der Speisekarte. Für Raubvögel stellen sie eine wichtige Nahrungsquelle dar. Aber auch Füchse, Waschbären, Mungos, Paviane, Krokodile, Frösche und sogar andere Schlangen stellen ihnen nach. Bei Gefahr reagieren Schlangen normalerweise immer zuerst mit Verstecken oder Flucht. Falls eine Flucht nicht möglich ist, geben sich Schlangen ein gefährliches Aussehen, indem sie sich größer machen, laut fauchen oder auf ihre Feinde zustoßen. Einige Arten stellen sich auch tot. Eine andere wirksame Art und Weise, sich eines Feindes zu entledigen, ist die Abgabe eines fürchterlich stinkenden Duftstoffes! Viele Schlangen rollen sich dazu zu einem Knäuel zusammen oder bilden eine Acht. Beides bewirkt, dass sich der streng riechende Duftstoff über den ganzen Körper verteilt.

STINKSCHLANGE

Um Feinde abzuschrecken, reißen Dreieckskopfottern (z. B. die Wassermokassinschlange) ihr Maul weit auf; wenn sie allerdings angegriffen wird, vermag sie auch eine streng reichende Flüssigkeit aus einer Öffnung in der Nähe des Schwanzes austreten zu lassen. Diese Flüssigkeit kann sie auch bis zu 3 Meter weit um sich verbreiten, indem sie ihren Schwanz hin- und hersausen lässt.

FEINDLICHER ADLER

Der Schlangenadler fängt auf unbewaldeten Hängen Schlangen mithilfe seiner kräftigen Krallen. Große Schlangen zerlegt er mit seinem scharfen Schnabel und frisst sie sofort. Kleinere Exemplare bringt er oft in sein Nest, um damit seine Jungen zu füttern.

EIN FURCHT ERREGENDES MAUL

Wie viele andere Schlangen reißt die Spitznatter ihr Maul ganz weit auf, um Feinde abzuschrecken. Die Innenseite des Schlundes ist hellrot gefärbt. Falls sich ein Feind davon nicht beeindrucken lässt und nicht abzieht, verabreicht die Schlange ihm einen giftigen Biss mit ihren Giftzähnen. Das aufgerissene Maul wirkt wie ein Warnruf: „Geh weg oder ich beiß dich!"

Spitznatter

Wasser-mokassin-otter

TOTE-MANN-TAKTIK

Diese Ringelnatter macht sich den Umstand zu Nutze, dass die meisten Räuber gesunde, lebendige Beute bevorzugen. Sie stellt sich tot: Sie dreht sich auf den Rücken, sperrt das Maul auf und verharrt absolut regungslos. Sobald die Gefahr vorüber ist, „erwacht" sie wieder zum Leben.

Ringelnatter

Kobra

Hakennatter

ALLES NUR SHOW

Die Drohstellung der harmlosen Haken-natter verleiht ihr ein gefährliches Ausse-hen: Sie flacht ihren Kopf ab und bildet wie eine Kobra einen so genannten Hut. Dann faucht und zischt sie laut und stößt auf ihren Feind zu. Falls das nichts nützt, schlingt sich das Tier zusammen und be-netzt sich mit einer übelriechenden Sub-stanz. Schließlich stellt sie sich tot.

GUT VERSTECKT

Gar nicht erst gesehen zu werden, ist für die meisten Schlangen die beste Vertei-digung. Die Hornviper gräbt sich in den Boden ein. Ihre Schuppen verhin-dern, dass der Sand sicht-bare Aufwerfungen bildet.

Hornviper

MEHR SCHEIN ALS SEIN

Diese Kobra stellt sich auf und breitet ihren Hut aus, um so groß und gefährlich wie möglich zu wirken. So gelingt es ihr, ihre Feinde zu verscheuchen; außerdem erhalten alle Angreifer den Eindruck, dass sie zum Verschlingen zu groß ist.

Schon gewusst? Bei manchen Völkern wird Kobragift als Schmerzmittel verwendet.

HUT-VIELFALT

Genauso wie die Speikobras, die Königs-kobra und die Wasserkobra kann die Uräusschlange nur einen schmalen Hut bilden. Die Indische Brillenschlange und die südafrikanische Kapkobra weisen dage-gen einen viel breiteren Hut auf.

Brillenschlange

DER HUT

Der Hut der In-dischen Brillen-schlange besteht aus Hautlappen. Die lose Hals-haut liegt flach am Körper an, sodass sich die Brillenschlange von der Gestalt her kaum von ande-ren Schlangen unterscheidet. So-bald man sie jedoch aufschreckt, spreizt sie ihre langen, bewegli-chen Halsrippen auf.

HUT-MUSTER

Manche Kobras tragen Muster auf der Rückseite ihres Hutes, die wie Brillen, Hufe und Zierbänder ausse-hen. Sie flößen dem Räu-ber noch mehr Furcht ein. Die Brillenschlange hat einen besonders breiten Hut, auf dem die Brille zu erkennen ist, der sie ihren Namen verdankt.

DIE KOBRA UND IHRE VERWANDTEN

Kobras sind Aufsehen erregende und hochgiftige Schlangen. Sie haben kurze, feststehende Giftzähne. Manche Kobras können ihre Feinde mit ihrem tödlichen Gift bespucken. Es wirkt vor allem auf das Nervensystem und verursacht Atem- und Herzprobleme. Kobras zählen zur Familie der Giftnattern, zu der auch die afrikanischen Mambas, die Korallenschlangen Nord- und Südamerikas und alle australischen Giftschlangen gehören.

Königskobra

RIESIGE KOBRA

Die Königskobra ist die größte aller Giftschlangen – sie wird über 5 Meter lang. Sie ist sehr scheu und macht um Menschen einen großen Bogen. Die Königskobras sind die einzigen Schlangen, von denen man weiß, dass sie ein Nest bauen. Das Weibchen legt ca. 20 bis 40 Eier und bewacht die Brut, bis sie das Nest verlässt.

Grüne Mamba

ACHTUNG, MAMBA!

Die Grüne Mamba lebt auf Bäumen, während sich andere Mamba-Arten auf dem Boden aufhalten. Mambas haben eine lange, schlanke Gestalt und können bis zu 4 Meter lang werden. Ihr Gift ist sehr stark und kann einen Menschen innerhalb von nur 10 Minuten töten.

Tigerotter

BITTE NICHT STÖREN!

Die auf dem australischen Festland lebende Tigerotter ist die viertgiftigste Schlange der Welt. Ihr Körper ist sehr muskulös und von glänzenden, glatten Schuppen bedeckt. Australische Tigerottern fressen nahezu alles – auf ihrer Speisekarte stehen Fische, Frösche, Vögel und kleine Säugetiere.

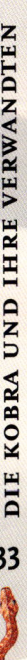

Regenbogenboa

CHANGIERENDE FARBEN

Die Regenbogenboa verdankt ihren Namen ihren schillernden Farben, die sich bei jeder Bewegung der Schlange ändern. Licht setzt sich aus allen Farben des Regenbogens zusammen. Wenn es auf die dünne, durchsichtige Deckschicht der Schlangenschuppen auftrifft, wird es in seine verschiedenen Farbanteile zerlegt.

FÄRBUNG UND TARNUNG

Die Färbung einer Schlange wird von den Farbpigmenten ihrer Schuppen und deren Art der Lichtreflexion bestimmt. Matte Farben und Muster tragen zur Tarnung einer Schlange bei. Unterschiedliche Farbsprenkel erschweren die Abgrenzung der Schlange von ihrer Umgebung. Helle Farben erschrecken Räuber oder warnen sie davor, dass eine Schlange giftig ist. An sich harmlose Schlangen ahmen manchmal die Warnfarben von Giftschlangen nach. Dunkle Farben sorgen bei kühleren Temperaturen für eine verbesserte Wärmeaufnahme. Manche Schlangenweibchen verfärben sich auch dunkel, wenn sie trächtig sind. Die zusätzliche Wärme, die sie dadurch aufnehmen, beschleunigt die Entwicklung der Jungen im Körperinneren.

Milchschlange

Schon gewusst? Bei Milchschlangen liegt zwischen einem roten und einem gelben Abschnitt immer ein schwarzes Band.

Ringhalsnatter

VERWIRRENDE FARBEN

Wenn Ringhalsnattern bedroht werden, präsentieren sie ihre bunt gefärbte Bauchseite, um den Angreifer zu verwirren. Der rote Schwanz lenkt außerdem dessen Aufmerksamkeit vom wichtigsten Teil der Schlange – nämlich dem Kopf – ab.

FARBKOPIE

Diese Milchschlange ahmt die Färbung und Zeichnung der giftigen Korallenschlange nach. Deshalb machen Räuber einen großen Bogen um die nicht giftige Milchschlange. Milchschlangen mit dieser Zeichnung und Färbung kommen hauptsächlich im Süden der USA vor. Die Milchschlangen, die im Norden der Vereinigten Staaten leben, sind eher grau gefärbt und tragen rostfarbene Flecken. Da es dort keine Korallenschlangen gibt, macht es auch wenig Sinn, ihre Warnfarben nachzuahmen.

FARBLOS

Aus wissenschaftlichem Interesse werden Albinos und andere sehr helle Schlangen in Gefangenschaft gezüchtet. In freier Wildbahn stechen solche Tiere jedoch aus ihrer Umgebung heraus und werden normalerweise von Räubern gefressen, bevor sie sich fortpflanzen können.

SCHLANGENZEICHNUNGEN

Wie diese Kaiserboa weisen viele Schlangen eine für sie typische Zeichnung aus verschiedenen Farbschattierungen, Punkten und Streifen auf. Diese Zeichnungen haben normalerweise ihren Ursprung darin, dass die Schuppen einem bestimmten Muster gemäß mit unterschiedlichen Pigmenten gefärbt sind.

Kaiserboa

GESCHICKTE TARNUNG

Zwischen den Laubblättern auf dem Boden des Regenwaldes ist die Gabunviper beinahe unsichtbar. Viele Schlangen besitzen eine Färbung und Zeichnung, die genau auf ihre Umgebung abgestimmt ist. Außerdem löst die Zeichnung üblicherweise ihre Körperkonturen auf, sodass es nicht einfach ist zu erkennen, wo die Schlange aufhört und der Untergrund anfängt.

FORTPFLANZUNG

Schlangen leben nicht in Familien zusammen und Schlangeneltern kümmern sich auch nicht um ihren Nachwuchs. Männchen und Weibchen finden sich nur zur Paarung zusammen, bleiben aber zum Teil für die Dauer der Brutzeit als Paar beieinander. Die meisten Schlangen sind ab dem zweiten bis fünften Lebensjahr geschlechtsreif. In kühleren Regionen paaren sich Schlangen für gewöhnlich im Frühjahr, damit die Jungen ausreichend wachsen und gedeihen können, bevor der Winter anbricht. In tropischen Gebieten paaren sich Schlangen oft vor der Regenzeit, weil dann für die Jungen Nahrung im Überfluss vorhanden ist. Schlangenmännchen und -weibchen haben normalerweise die gleiche Gestalt, die Weibchen sind aber oft größer als die Männchen. Die Männchen folgen den Duftspuren der Weibchen. Manchmal führen die Männchen auch so genannte Kommentkämpfe durch, um zu entscheiden, wer sich mit einem Weibchen paaren darf.

Gewöhnliche Blindschlange

OHNE GESCHLECHTS-PARTNER

Weibchen der Gewöhnlichen Blindschlange können ohne Männchen Nachkommen erzeugen. Somit kann eine einzige Schlange ganz allein ein neues Volk gründen. Von Nachteil ist die Tatsache, dass alle Jungen identisch sind. Bei veränderten Lebensbedingungen können sich die Tiere nicht an diese anpassen und sterben möglicherweise aus. Bei der Vermischung der Merkmale von beiden Elternteilen weisen einige der Nachkommen vielleicht genau die richtigen Merkmale auf, die zum Überleben erforderlich sind.

KAMPF UM DIE WEIBCHEN

Zwei Kreuzotter-Männchen kämpfen miteinander um herausfinden, welches von beiden das stärkere ist. Die beiden Männchen bauen sich drohend einander gegenüber auf und umschlingen sich dann mit den Hälsen. Beide versuchen nun, den Gegner zu Boden zu zwingen. Schließlich gibt eines der Männchen auf und kriecht davon.

Kreuzottern

Aftersporn

AFTERSPORNE

Sowohl Boas als auch Pythons besitzen auf beiden Seiten der Kloake so genannte Aftersporne. Das sind die Überreste von Hinterbeinen, die ihre Vorfahren noch hatten und die sich im Verlauf einer mehrere Millionen Jahre dauernden Entwicklung zurückgebildet haben. Die Männchen kratzen oder kitzeln damit die Weibchen beim Liebeswerben, manchmal setzen sie ihre Aftersporne aber auch bei Kämpfen mit anderen Männchen ein.

Schon gewusst? Die Javanesische Warzenschlange kann Samen vom Männchen bis zu 7 Jahre lang aufbewahren.

RINGKAMPF

Diese beiden Indischen Rattenschlangen kämpfen miteinander. Der Gewinner hat die besseren Aussichten darauf, sich mit einem Weibchen paaren zu können. Der Kampf hat ziemlich viel Ähnlichkeit mit einem menschlichen Ringkampf: Die Schlangen fauchen zwar und schlagen aufeinander, aber sie tragen bei diesen so genannten Kommentkämpfen selten Verletzungen davon.

GEMEINSAMKEITEN UND UNTERSCHIEDE

Es ist nicht bekannt, warum die Köpfe der Blattnasennatter-Männchen und -Weibchen so unterschiedliche Gestalt haben. Die Männchen und Weibchen einer Art sehen normalerweise gleich aus, da sich Schlangen bei der Partnersuche mehr auf ihren Geruchssinn als auf ihr Sehvermögen verlassen.

Schon gewusst? Manche Kobra-Männchen haben längere Giftzähne als die Weibchen.

Männchen

Blattnasennatter

Weibchen

Anakondas

PAARUNG

Zwei Anakondas bei der Paarung: Wenn das Weibchen paarungsbereit ist, lässt sie das Männchen ihren Schwanz hochheben und seinen Schwanz um ihren schlingen. Das Männchen muss dann seinen Samen in den Körper des Weibchens bringen, um ihre Eier zu befruchten. Die Paarung kann je nach Schlangenart zwischen wenigen Minuten und mehreren Stunden dauern.

EIER

Manche Schlangen legen Eier, während andere voll-entwickelte, lebende Junge zur Welt bringen. Zu den Eier legenden Schlangen zählen Rattenschlangen, Milch-schlangen, Kobras, Pythons und Hakennattern. Einige Wochen nach der Paarung sucht sich ein Eier legendes Schlangenweib-chen einen sicheren, warmen und feuchten Ort, an dem sie ih-rer Eier legen kann. Die Königskobra ist die einzige Schlange, die ein Nest baut. Je Eiablage werden im Durchschnitt 6 bis 30 Eier gelegt. Die meisten Schlangen überlassen diese dann sich selbst, sodass die Jungen ohne fremde Hilfe schlüpfen müs-sen. Ein paar Schlangen, wie z. B. der Buschmeister, man-che Kobras und alle Pythons, bleiben bei ihren Eiern, um sie vor Feinden und ungünstigen Witterungs-einflüssen zu schützen. Sobald jedoch die Jungen geschlüpft sind, verlassen sie bei al-len Schlangenarten die Eltern, sodass sie von da an auf sich selbst gestellt sind.

GEBURT AM STRAND
Die Plattschwänze sind die einzigen Eier legenden Seeschlangen. Sie legen ihre Eier meist in Höhlen an der Küste ab, die oberhalb des Meeres-spiegels liegen, damit ihnen das salzige Meer-wasser nichts anhaben kann.

BRUTPFLEGE
Dieses Python-Weibchen hat seine Eier zu einer Pyra-mide aufgestapelt und sich schützend um sie ge-schlungen. Alle Python-Weibchen beschützen ihr Gelege. Tigerpython-Weibchen zucken sogar mit den Muskeln, um ihren Körper aufzuwärmen – ein Vorgang, der mit dem Schlottern vergleichbar ist. Die zusätzliche Wärme fördert die Entwicklung der Jungen. Damit sich die Eier richtig entwickeln, müssen sie immer gleichmäßig warm gehalten werden.

EIABLAGE
Dieses Python-Weibchen legt mehrere kleine Eier, die ei-ne runde Form haben. Schlangen, die kleiner als Pythons sind, legen je Eiablage weniger Eier, die eher länglich und dünn sind, damit sie in dem kleinen Körper Platz haben. Manche Schlangen legen lange, dünne Eier, solange sie noch jung sind, aber eher runde Eier, wenn sie dann er-wachsen geworden sind.

Schon gewusst? Die Schlammnatter legt über 100 Eier auf einmal.

MASSENSCHLÜPFEN BEIM GEFLECKTEN PYTHON

Beim Ausschlüpfen zerbeulen die jungen Gefleckten Pythons ihre Eierschalen und drücken sie platt. Die Schalen sind nämlich nicht hart und zerbrechlich wie die von Vogeleiern, sondern zäh und ledrig. Da Schlangeneier nicht ganz so wasserdicht sind wie Vogeleier, müssen sie an einem feuchten Platz gelegt werden, damit sie nicht vertrocknen.

Junge Pythons

Schon gewusst? Manche Schlangen fressen Vogeleier.

WO WERDEN EIER GELEGT?

Die meisten Schlangeneier sind weiß gefärbt. Damit Räuber sie nicht gleich entdecken, müssen sie gut versteckt werden. Schlangenweibchen vergraben ihre Eier jedoch nie vollständig, damit die jungen Schlangen durch die Schale hindurch noch Luft bekommen können.

Rattenschlange

EIN WARMES PLÄTZCHEN

Diese Ringelnatter hat gerade ihre Eier auf einem Haufen verfaulender Pflanzen abgelegt. Ringelnattern als auch Rattenschlangen suchen solch gärende Untergründe wie auch Kompost- oder Misthaufen aus. Die Wärme, die diese abstrahlen, beschleunigt die Entwicklung der Eier.

DAS AUSSCHLÜPFEN

Ungefähr zwei bis vier Monate nach der Paarung der erwachsenen Schlangen schlüpfen die Jungen aus ihren Eiern. Bis dahin ernähren sich die Jungtiere vom Eigelb, das sehr nahrhaft ist. Die Entwicklung der Jungtiere ist von der Umgebungstemperatur abhängig: Je wärmer es in einer Region ist, umso schneller entwickeln sie sich. Alle Jungen in den Eiern eines Geleges neigen dazu gleichzeitig auszuschlüpfen. Beim Schlüpfen selbst ritzt das Schlangenbaby die Eischale mit seinem scharfen Eizahn ein. Ein paar Tage später kriecht das Schlangenjunge davon, um sein eigenes Leben zu beginnen. Es ist nun ganz auf sich alleine gestellt.

1. SCHLANGENEIER

Acht Wochen nach der Eiablage beginnen diese jungen Rattenschlangen aus ihren Eiern auszuschlüpfen. Während sie in den Eiern herangewachsen sind, haben sie sich jeweils von ihrem Eidotter ernährt. Ungefähr einen Tag vor dem Schlüpfen hat es dann den Dottersack in den Körper der Schlange gezogen. An einer kleinen Narbe, die etwas an einen Bauchnabel erinnert, kann man später erkennen, wo die junge Schlange mit dem Eidotter verbunden war.

2. DAS SCHLÜPFEN BEGINNT

Das Schlangenjunge ist unruhig geworden und dreht sich in seiner Schale hin und her. Es ist nun vollständig entwickelt und bekommt durch die Eierschale nicht mehr genug Sauerstoff. Das Schlangenjunge macht sich jetzt ans Ausschlüpfen: Es ritzt mit seinem scharfen Eizahn, der auf seiner Schnauze sitzt, einen kleinen Schlitz in die Eischale. Der Eizahn fällt einige Stunden nach dem Schlüpfen ab.

3. MACH MAL PAUSE!

Nachdem das Schlangenjunge die dehnbare Eischale durchbrochen hat, steckt es seine Schnauze durch den Schlitz in der Eischale hindurch ins Freie, um Luft zu holen und einen ersten Blick auf die fremde und aufregende Welt zu werfen.

4. WARTEN, BIS DIE LUFT REIN IST

Alle Jungtiere dieses Geleges haben zum gleichen Zeitpunkt mit dem Schlüpfen begonnen. Nachdem sie nun alle einen Schlitz in die ledrige Eierschale geritzt haben, kriechen sie jedoch noch nicht gleich heraus. Vielmehr strecken sie erst eine Weile ihre Köpfe aus ihren Eiern heraus, um die Luft mit ihren gespaltenen Zungen zu schmecken. Wenn sie jetzt gestört werden, ziehen sie sich schnell wieder in ihre Eier zurück, in denen sie sich sicher fühlen. Falls erforderlich, können sie es ein paar Tage lang in den Eiern aushalten.

Schon gewusst? Der Eizahn fällt einige Stunden nach dem Schlüpfen ab.

5. AUSBRUCH

Schließlich schlängelt sich das Schlangenjunge aus seinem Ei heraus. Sein Körper kann nun bis zu siebenmal länger sein als das Ei, da es in ihm ganz eng zusammengeknäult war.

Popes-
Lanzenotter

GEBURT AUF DEM BAUM

Baumschlangen bringen ihren Nachwuchs oft hoch oben zwischen den Ästen zur Welt. Die durchsichtige Eihülle, die die Jungen dann immer noch umgibt, haftet sich an den Blättern fest und sorgt so dafür, dass die Schlangenkinder nicht auf den Boden herabfallen.

GEBURTSORT

Schlangen – wie auch diese Sandviper – kommen normalerweise nur an geschützten, versteckten Orten nieder. Sie ziehen sich dazu in unterirdische Gänge, zwischen Steine und Stämme oder unter Baumwurzeln zurück. Dort sind die Jungen vor Feinden sicher. Die meisten Wasser- und Seeschlangen bringen ihre Jungen im Wasser auf die Welt.

LEBEND GEBÄRENDE SCHLANGEN

Zu den lebend gebärenden Schlangen gehören u.a. Boas, Klapperschlangen, Strumpfbandnattern, Ottern und die meisten Seeschlangen. Die Eier entwickeln sich im Körper des Muttertieres und sind nicht von einer Schale, sondern von einer Art durchsichtigem Beutel, der so genannten Eihülle, umgeben. Während die Jungen im Bauch des Muttertieres heranwachsen, leben sie von dem Dotter. Bei ein paar wenigen Schlangen bekommen die Jungen ihre Nahrung direkt vom Muttertier. Die Jungtiere liegen warm und geschützt im Körper der Mutter, aber durch ihr Gewicht machen sie sie langsam und schwerfällig. Die Zahl der Tiere, die bei einem einzigen Wurf das Licht der Welt erblicken, schwankt sehr stark: Zwischen 6 und 50 Schlangen ist alles möglich.

BABYBEUTEL

Diese Kaiserboas sind gerade auf die Welt gekommen und befinden sich immer noch in ihren Eihüllen. Diese bestehen aus einem durchsichtigem, dünnen, aber sehr reißfesten Material. Sie haben sehr viel Ähnlichkeit mit den Eihüllen, die man unter den Schalen von Hühnereiern findet.

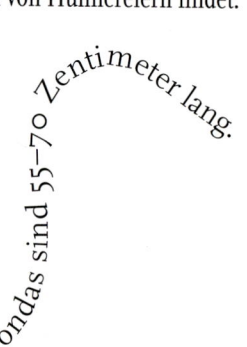

Schon gewußt? Neugeborene Anakondas sind 55–70 Zentimeter lang.

AUSBRUCH

Die junge Regenbogenboa hat gerade mit ihrem Kopf ihre Eihülle durchstoßen. Schlangenjunge müssen sich ohne Hilfe aus eigener Kraft aus ihren "Babybeuteln" befreien. Jedes Junge besitzt einen Eizahn, mit dem es einen Schlitz in die Eihülle ritzen kann, um sich dann aus ihr herauszuwinden. Das geschieht normalerweise gleich wenige Sekunden nach der Geburt.

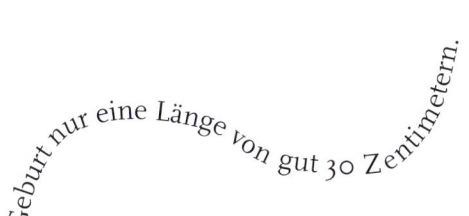

Schon gewusst? Kleine Boa constrictors haben bei der Geburt nur eine Länge von gut 30 Zentimetern.

BEFREIT!

Eine junge Kaiserboa hat es gerade geschafft, sich aus ihrer Eihülle, die man im Vordergrund sehen kann, zu befreien. Das Schlangenbaby glänzt hell und frisch. Einige neugeborene Schlangenkinder kriechen sofort davon, während andere ein paar Tage bei ihrer Mutter bleiben.

Schon gewusst? Waldklapperschlangen beschützen ihre neugeborenen Jungen ein paar Tage lang.

FARBWECHSEL

Kaum zu glauben ... aber bei diesem Jungtier handelt es sich tatsächlich um eine Grüne Hundskopfboa. Solange sie jung ist, zeichnet sie sich durch eine lebhafte rote Färbung aus. Wenn sie dann erwachsen wird, nimmt sie allmählich eine grüne Färbung an.

Grüne Hundskopfboa (Jungtier)

WACHSTUM UND ENTWICKLUNG

Wie schnell Schlangen wachsen, hängt von vielen verschiedenen Faktoren ab. Wie groß Schlangenkinder beim Ausschlüpfen oder bei der Geburt sind, wie viel sie fressen, wie das Klima um sie herum geartet ist – das alles beeinflusst ihre Entwicklung. In warmen Gebieten kommt es vor, dass Schlangen ihre ursprüngliche Körperlänge in nur einem Jahr verdoppeln oder sogar verdreifachen. Manche Schlangen sind nach 3 bis 5 Jahren geschlechtsreif und fast ausgewachsen, oft wachsen sie jedoch noch bis zu ihrem Lebensende langsam weiter. Da sie so schnell wachsen, häuten sich Jungtiere häufiger als erwachsene Schlangen. Während sie wachsen und sich entwickeln, stellen junge Schlangen eine leichte Beute für Tiere wie Vögel, Waschbären, Kröten und Ratten dar.

VIELFRASS

Wie alle jungen Schlangen muss auch dieser Tigerpython so viel wie möglich fressen, um schnell zu wachsen. Junge Schlangen fressen kleinere Beutetiere, also z. B. Ameisen, Regenwürmer, Fliegen und Heuschrecken.

GEFÄHRLICHES BABY

Diese kleine Kreuzotter mag vielleicht niedlich und harmlos aussehen – aber genau das ist sie nicht! Bei Giftschlangen sind die Giftdrüsen nämlich sofort nach dem Ausschlüpfen voll funktionsfähig. Die Tiere sind schon kurz nach dem Schlüpfen zu gefährlichen Giftbissen fähig. Glücklicherweise ist das Gift der Kreuzotter nicht sehr stark und führt beim Menschen selten zum Tod.

Kreuzotter-Mutter

Kreuzotter-Baby

MUTTER UND KIND

Kreuzotter-Weibchen werfen Ende des Sommers. Junge Kreuzottern müssen daher schnell wachsen, damit sie groß genug werden, um die bevorstehende kalte Jahreszeit überleben zu können. Während des Winterschlafs setzt das Wachstum aus.

Tigerpython

Schon gewusst? Schlangen werden 30 bis 40 Jahre alt.

HERAKLES DER STARKE

Herakles war der Sohn des Zeus, dem sagenhaften griechischen Götterkönig, und der Alkmene, einer normalen Sterblichen. Die Göttin Hera, die Gemahlin des Zeus, war jedoch eifersüchtig auf Alkmenes Kind. Sie schickte dem Herakles zwei Giftschlangen, die ihn im Schlaf töten sollten. Herakles aber war so stark, dass er die beiden Schlangen mit bloßen Händen erwürgte.

ERNÄHRUNGSUMSTELLUNG

Viele junge Gartenboas leben auf karibischen Inseln. Beim Erwachsenwerden stellen sie ihre Ernährung um: Während sie anfangs auf Eidechsen spezialisiert sind, verlegen sie sich später auf Vögel und Säugetiere.

Schon gewusst? Schlangenweibchen werden später geschlechtsreif als Schlangenmännchen.

ALTERSRINGE?

Die Anzahl der Ringe, aus der die Rassel einer Klapperschlange besteht, gibt keinen Aufschluss darüber, wie alt das Tier ist: Jedes Jahr kommen unterschiedlich viele Ringe hinzu und es können zum Teil auch welche abbrechen.

kurze Rassel

Junge Klapperschlange

LEBENSRÄUME

Schlangen leben, außer in der Antarktis, auf allen Kontinenten der Welt. Sie kommen in allen Arten von Lebensräumen vor, sind aber am häufigsten in Wüsten und Regenwäldern zu finden. Schlangen leben sowohl im Süßwasser von Teichen, Flüssen und Strömen als auch im Salzwasser der Meere. An sehr kalten Orten, wie z. B. in den eisigen Polargebieten oder auf sehr hohen Bergen, können sie allerdings nicht existieren, da sie auf Wärme um sie herum angewiesen sind, damit ihre Körper funktionieren. Wenn es kalt wird, werden Schlangen langsam und träge, und wenn die Temperatur zu stark fällt, sterben sie sogar oft. In kälteren Regionen halten Schlangen oft während der kalten Jahreszeit Winterschlaf.

Ringel-natter

IM GRASLAND
Die Ringelnatter ist eine der wenigen Schlangen, die im Grasland lebt. Dort gibt es nämlich weder viel Futter noch viele Verstecke.

IN DEN BERGEN
Vereinzelt kommt die Prärieklapperschlange in den Bergen im Westen der USA vor; dort lebt sie dann meist auf tiefer gelegenen Geröllhängen. Im Allgemeinen sind Bergregionen jedoch wegen ihres kalten Klimas schwierige Lebensräume für Schlangen. Einige Schlangen haben sich jedoch an das Leben in den Bergen angepasst.

Prärie-klapper-schlange

WINTERSCHLAF
Nachdem sie ihren Winterschlaf beendet haben, kommen tausende von Strumpfbandnattern wieder an die Oberfläche. Schlangen ziehen sich zum Winterschlaf oft in Höhlen oder tief in den Boden zurück, weil es dort dann wärmer ist. Im Frühjahr erwachen die Tiere dann langsam wieder zum Leben.

IN TROPISCHEN REGENWÄLDERN

Die größte Vielfalt an Schlangen findet sich in tropischen Regenwäldern, wo auch diese Brasilianische Regenbogenboa lebt. Dort gibt es Futter im Überfluss: Insekten, Vögel, Fledermäuse, Frösche usw. Viele Schlangen des Regenwaldes ernähren sich auch von kleineren Schlangen.

AUF BÄUMEN

Die Schlegelsche Lanzenotter lebt im mittelamerikanischen Regenwald. Der Regenwald hat ein günstiges Klima und bietet auch viele Wohnmöglichkeiten: Tiere können dort auf den Bäumen, auf dem Waldboden, im Boden und in den Flüssen leben.

Schon gewusst? Die Himalaja-Grubenotter lebt auf 5000 Meter Höhe.

Brasilianische Regenbogenboa

WÜHLSCHLANGEN

Diese Gelbköpfige Wurmschlange lebt unter der Rinde von Bäumen. Die meisten Wurmschlangen verbringen den größten Teil ihres Lebens im warmen Erdboden.

IN WÜSTEN

In Wüsten lebt eine große Anzahl von Schlangen, da sie lange ohne Nahrung und Wasser auskommen können. Sie müssen jedoch mit großen Temperaturunterschieden zurechtkommen: Während es tagsüber unerträglich heiß ist, sind die Nächte bitterkalt.

BAUMSCHLANGEN

Aufgrund ihrer lang gestreckten, schlanken und flachen Körper sowie ihrer spitz zulaufenden Köpfe können Baumschlangen mühelos durch die Äste der tropischen Regenwälder gleiten. Die meisten Baumschlangen sind wahre Leichtgewichte. Auf Bäumen lebende Boas mögen zwar schwer aussehen, sie wiegen aber weniger als ihre Verwandten auf dem Boden. Sie und Baumpythons haben gekielte Bauchschuppen, die ihre Haftung auf dem Ästen verbessert. Viele Baumschlangen besitzen auch einen lange, dünnen Schwanz, mit dem sie sich an Ästen festschlingen können. Grüne oder braune Tarnfarben sorgen dafür, dass Baumschlangen zwischen den Blättern und Zweigen fast nicht zu erkennen sind.

Gartenboa

FARBE UND MUSTER

Diese Gartenboa trägt Tarnfarben und -muster. Viele Schlangen sind grün oder braun gefärbt und tragen Tarnmuster. Manche haben sogar Muster, die wie Moos und Flechten strukturiert sind.

Grüner Baumpython

ZWILLINGE IN DEN BÄUMEN

Dieser Grüne Baumpython sieht der Grünen Hundskopfboa zum Verwechseln ähnlich und verhält sich auch fast wie sie. Diese beiden Schlangen sind jedoch nicht miteinander verwandt – sie leben tausende von Kilometer voneinander entfernt. Die beiden Tiere weisen so viel Ähnlichkeit auf, weil sie beide in Regenwäldern leben und dieselbe Lebensweise pflegen.

AUF BEUTEFANG

Hoch oben in den Bäumen des costa-ricanischen Regenwaldes hat eine Riemennatter gerade eine Echse gefangen. Baumschlangen müssen ihre Beute gut festhalten, damit sie nicht vom Baum fällt. Deshalb besitzen sie normalerweise lange, scharfe Zähne, mit denen sich Haut gut durchbeißen lässt.

Riemennatter

Baumschnüffler

Schon gewusst?

Baumschlangen halten sich mit ihren langen Schwänzen fest.

KÖPFE UND AUGEN

Der Baumschnüffler reißt sein Maul auf, um mit dessen strahlend roter Innenseite einen Räuber zu vertreiben. Wie bei den meisten Baumschlangen ist sein Kopf länglich geformt und läuft zur Schnauze hin spitz zu. Baumschlangen haben für gewöhnlich große Augen für die nächtliche Jagd.

Cook'sche Boa

GUTE REFLEXE

Schlegelsche Lanzenotter

Diese grüne Schlegelsche Lanzenotter verfügt über so schnelle Reflexe, dass sie arglose Vögel, die durch die Bäume fliegen, direkt aus der Luft schnappen kann. Die Grubenotter ist zwar giftig, aber sie muss trotzdem ihre Beute solange fest halten, bis ihr tödliches Gift wirkt.

KÖRPERFORM

Ein Cook'sche Boa windet ihren langen Körper um einen Stamm. Baumschlangen können mit ihren leichtgewichtigen Körpern auf dünnen Zweigen entlangkriechen, ohne dass diese unter ihnen brechen. Außerdem fällt es ihnen leichter, sich von einem Zweig zum anderen zu bewegen.

DIE GRÜNE HUNDSKOPFBOA

D ie weißen Streifen auf dem Rücken der Grünen Hundskopfkobra lassen ihre Körperkontur verschwimmen. Diese Baumboas sind gute Kletterer, die sich gerne kopfüber von Ästen herabhängen lassen, um in dieser Stellung schnell vorbeiflitzende Beutetiere zu packen. Wenn sie sich ausruhen wollen, wickeln sie sich kunstvoll um einen dünnen Ast und legen den Kopf oben zwischen ihren Körperschlingen ab.

KOPFÜBER FRESSEN

Um sich etwas zu fressen zu fangen, wickelt sich die Grüne Hundskopfboa mit ihrem Schwanzende um einen waagerechten Ast und lässt ihren Kopf nach unten baumeln. Sobald die Schlange dann ein Beutetier fest mit ihren Zähnen gepackt hat, schlingt sie sich um ihr Opfer herum. Langsam drückt sie ihm dann mit ihren Schlingen die Luft ab.

KLETTERKÜNSTE

Die Grüne Hundskopfboa ist länger und schlanker als alle anderen Boas, die am Boden leben. Dadurch fällt es ihr leichter, durch die dicht mit Blätter besetzten Äste zu kriechen.

LANGER SCHWANZ

Der Schwanz der Grünen Hundskopfboa ist sehr gut zum Greifen und Halten von Ästen geeignet. Wenn sie einen Baum hinaufklettert, streckt sie erst ihren Kopf nach oben, schlingt sich um einen Ast und zieht den restlichen Körper nach.

FARBWECHSEL

Auch bei der Paarung bleiben Grüne Hundskopfboas um ihre Äste geschlungen. Sie sind lebend gebärend. Wenn die Jungen auf die Welt kommen, sind sie orange, rosa oder gelb gefärbt. Erst im Laufe ihres ersten Lebensjahres verfärben sie sich langsam grün, indem sie in ihrer Haut neue Farbpigmente herstellen. Es ist nicht genau bekannt, warum die Jungtiere sich nach der Geburt farblich von den erwachsenen Tieren unterscheiden.

HEISSE LIPPEN

Im gesamten Lippenbereich sitzen bei den Grünen Hundskopfboas große Gruben. Diese Gruben sind dazu in der Lage, die Wärme wahrzunehmen, die die Körper von Beutetieren abstrahlen.

TÖDLICHE ZÄHNE

Die Grüne Hundskopfboa hat lange, scharfe Zähne, die nach hinten gebogen sind. Mit ihnen kann die Schlange ihre Beute festhalten und an der Flucht hindern. Sie vermag ihr Maul auch sehr weit aufzusperren, um die Beute besser zu erwischen.

WÜSTENSCHLANGEN

Wüsten wimmeln nur so von Schlangen. Das liegt zum einen daran, dass Schlangen sehr lange ohne Nahrung auskommen können. Sie müssen die in ihrer Nahrung gespeicherte Energie nicht zur Erzeugung von Körperwärme einsetzen, da sie die Wärme aus ihrer Umgebung aufnehmen. Zum anderen sorgt ihre wasserdichte Haut dafür, dass sie nicht zu viel Flüssigkeit verlieren. Um der gewaltigen Hitze der Sonne und der klirrenden Kälte der Nacht zu entkommen, verkriechen sich Schlangen zwischen Steinen oder in den Gängen von Nagetierbauten. Manche Schlangen verbringen sehr heiße, trockene Zeiträume in einem Ruhezustand. Dazu vergraben sie sich tief im Boden, wo der Sand kühler als an der Oberfläche ist. Dort bleiben sie dann, bis die schlimmste Hitze vorüber ist. Diese Erscheinung wird als Sommerschlaf bezeichnet.

Hornviper

SCHUPPENKLANG

Wenn sich die Wüsten-Hornviper bedroht fühlt, erzeugt sie ein lautes, kratzendes Geräusch, indem sie die gezackten Schuppen an den Seiten ihres Körpers aneinander reibt. Würde die Viper mithilfe eines Fauchens warnen, würde sie dadurch Feuchtigkeit in die Luft abgeben. Da Wasser jedoch in der Wüste knapp ist, muss die Schlange darauf bedacht sein, so viel Feuchtigkeit wie möglich in ihrem Körper zu bewahren.

Klapperschlange

SCHWANZRASSEL

Klapperschlangen klappern mit ihrer Rassel, um Feinden mitzuteilen sich von ihnen fernzuhalten. Oft hebt sie auch ihren Kopf drohend in die Höhe. Die Klapperschlange kann das rasselnde Geräusch, das sie erzeugt, selbst nicht hören – sehr wohl aber ihre angriffslustigen Feinde …

AUF TAUCHSTATION

Die Wüsten-Hornviper gräbt sich in den Sand ein, indem sie ihren Körper schnell hin- und herbewegt. Sie spreizt dabei ihre Rippen auseinander, um ihren Körper abzuflachen, und gräbt sich so in den Boden hinein, bis sie fast verschwunden ist. Nur die Augen und die Hörner sind noch von ihr zu sehen.

Zwergpuffotter

SEITENWINDEN

Viele Wüstenschlangen bewegen sich auf diese Weise fort. Man bezeichnet sie als Seitenwinden. Dabei ist immer nur ein kleiner Teil des Körpers in direktem Kontakt mit dem heißen Sand. Außerdem verhindert das Seitenwinden, dass die Schlange in den Sand einsinkt.

Sandboa

VERSTECKTE BOA

Die braune und orange Färbung dieser Sandboa sorgt dafür, dass man Mühe hat, sie zwischen den Steinen und dem Sand des Wüstenbodens auszumachen. Dank dieser Tarnung kann sich das Tier gut vor Feinden verstecken und seiner Beute auflauern.

DIE HOPI-INDIANER

Bei diesem nordamerikanischen Eingeborenen handelt es sich um einen ehemaligen Hopi-Schlangenhäuptling. Die Hopi setzten früher bei ihren Regentänzen Schlangen ein. Sie hofften, dass die Schlangen den Regengöttern ihre Gebete überbringen würden, damit es regnen würde.

WASSERSCHLANGEN

Zu den Wasserschlangen rechnet man Schlangen, die in Sumpfgebieten oder am Rande von Süßwasserseen und -flüssen leben. Zum anderen zählen zu den Wasserschlangen aber auch die „Seeschlangen". Sie leben im Salzwasser der Meere und sind Lungenatmer, können jedoch für lange Zeit unter Wasser bleiben. Drüsen auf ihren Köpfen scheiden einen Teil des Salzes ab, das sich im Meerwasser befindet. Die meisten Seeschlangen sind lebend gebärend und bringen ihre Jungen direkt im Wasser auf die Welt. Einige andere Arten müssen allerdings ihre Eier an Land ablegen. Seeschlangen halten sich gerne im flachen Gewässer in Küstennähe auf. Über die Lebensweise von Seeschlangen wissen wir noch sehr wenig.

Seeschlange

SINNE
Bei den Seeschlangen sitzen die Augen und die Nasenlöcher auf der Oberseite des Kopfes. Dadurch können sie Luft holen, ohne ihren Kopf aus dem Wasser strecken zu müssen, und die Augen können gleichzeitig beobachten, ob von oben gerade der Angriff eines Räubers droht.

MEISTERSCHWIMMER
Siegelringnattern sind gute Schwimmer und in der Nähe von Süßwasser häufig zu finden. Sie ernähren sich hauptsächlich von Fischen, Fröschen, Salamandern und Kröten. Sobald auch nur ein Hauch von Gefahr in der Luft liegt, tauchen sie ab. Wenn man sie fangen will, beißen Sigelringnattern häufig. Glücklicherweise sind sie nicht giftig.

Siegelring-natter

VOLLE KONTROLLE
Die meisten Seeschlangen verlassen das Wasser nie. Unter Wasser können sie ihre Nasenlöcher verschließen, damit kein Wasser hineinläuft. Wegen ihrer großen Lunge können sie mehrere Stunden lang am Stück unter Wasser zu bleiben. Erst dann müssen sie zum Luftholen an die Wasseroberfläche kommen.

Große Anakonda

SCHWERGEWICHT

Die Große Anakonda lauert in langsam fließenden Gewässern und wartet darauf, dass Vögel, Schildkröten und Kaimane in die Nähe ihrer kräftigen Körperschlingen kommen. Die Große Anakonda ist die schwerste Schlange der Welt: Sie wiegt bis zu 250 Kilogramm.

Schon gewusst? Anakondas fressen manchmal auch Menschen!

Platt-schwanz

EIABLAGE

Dieser Plattschwanz kriecht gerade über einen Sandstrand. Sie bringen ihre Jungen nicht im Wasser zur Welt, sondern müssen ihre Eier an Land ablegen. Alle Plattschwänze sind mit schwarzen und dunkelbraunen Bändern gezeichnet und ernähren sich von Fischen (vor allem von Aalen).

SCHLANGENFAMILIEN

Zoologen haben die 2700 verschiedenen Schlangenarten in 12 Gruppen – so genannte Familien – eingeteilt. Sie heißen: Blindschlangen, Schlankblindschlangen, Rollschlangen, Schildschwänze, Erdschlangen, Warzenschlangen, Riesenschlangen, Nattern, Giftnattern, Seeschlangen, Vipern und Grubenottern. Die größte Familie ist die der Nattern, zu der man ungefähr 1800 Schlangenarten zählt. Jede Schlangenart trägt einen lateinischen Namen, der von Wissenschaftlern auf der ganzen Welt einheitlich verwendet wird – unabhängig davon, welche Sprache sie jeweils selber sprechen. Schlangen tragen in einer einzigen Sprache oft unterschiedliche Populärnamen, was sehr verwirrend ist.

Milch-schlange

NATTERN
Wie diese Milchschlange gehören fast drei Viertel aller Schlangen, die es auf der Welt gibt, zu den Nattern. Nattern gibt es in nahezu allen Formen, Größen und Farben. Die meisten von ihnen sind ungiftig. Ihre Köpfe sind von großen, symmetrisch angeordneten Schuppen bedeckt.

Indische Brillen-schlange

Schon gewusst? Klapperschlangen gehören zur Familie der Vipern.

Sandviper

VIPERN
Schlangen dieser Familie besitzen lange, hohlnadelartige Giftzähne, die nach hinten gegen das Gaumendach hoch geklappt sind, wenn sie die Schlange gerade nicht braucht. Vipern haben im Allgemeinen kurze, gedrungene Körper und breite Köpfe. Ihre Schuppen sind stark gekielt.

GIFTNATTERN
Giftnattern sind Giftschlangen und leben hauptsächlich in heißen Gegenden. Zu ihnen gehören zum Beispiel die in Asien und Afrika lebenden Kobras, die in Afrika verbreiteten Mambas und die Korallenschlangen aus Amerika. Alle Giftschlangen Australiens, wie z.B. die Tigerottern, Schwarzottern und Taipans, zählen ebenfalls zu den Giftnattern.

KLASSIFIKATIONSTABELLE		
Reich	→	**Tiere (Animalia)**
Stamm	→	**Chordatiere (Chordata)**
Klasse	→	**Kriechtiere (Reptilia)**
Ordnung	→	**Eigentliche Schuppenkriechtiere (Squamata)**
Unterordnung	→	**Schlangen (Serpentes)**
Familie	→	**Riesenschlangen (Boidae)**
Gattung	→	**Boa**
Art	→	**Königsschlange (Boa Constrictor)**

Diese Tabelle zeigt, wie eine Königsschlange (Boa constrictor) in der systematischen Klassifikation des Tierreiches eingeordnet wird.

**Kolumbianische
Regenbogenboa**

RIESEN-
SCHLANGEN

Zu dieser Familie
gehören die Schlan-
gen, die ihre Beute
nicht mit Gift töten, sondern erwürgen. Boas leben
hauptsächlich in Mittel- und Südamerika, während Pythons in Afrika, Südost-
asien und Australien beheimatet sind.

SEESCHLANGEN

Zur Familie der Seeschlangen zählen sowohl Schlangen,
die im Meer auf die Welt kommen und ihr ganzes Leben
im Wasser verbringen, als auch Schlangen, die teilweise
auf dem Land leben. Seeschlangen sind zum Schwimmen
mit abgeplatteten Schwänzen ausgestattet und können ihre Nasenlöcher unter Wasser verschließen. Seeschlangen
leben hauptsächlich in wärmeren Gewässern wie dem Roten Meer oder den Meeresgebieten um Neuseeland und
Japan. Keine Seeschlangen gibt es dagegen im Atlantik.

Regenbogenschlange

Seeschlange

ERDSCHLANGEN

Die Familie der Erdschlangen, die man auch Regenbogen-
schlangen nennt, besteht nur aus zwei Vertretern. Regen-
bogenschlangen graben in der Erde und leben in Südost-
asien und Südchina. Anders als die meisten Schlangen
besitzen sie zwei voll funktionsfähige Lungenflügel; dabei
ist der linke allerdings nur halb so groß wie der rechte.

Zaun-
eidechse

ECHSEN

Diese Zauneidech-
se versucht einen
Feind zu vertreiben,
indem sie eine Drohgebärde zeigt. Echsen haben
normalerweise vier Beine, Füße mit scharfen
Klauen und einen langen Schwanz. Außerdem besitzen sie bewegliche Augenlider
und sehen gut. Die meisten Echsen
haben spitze Zungen.

VERWANDTE DER SCHLANGEN

Schlangen sind Teil einer großen Tierklasse, die
man als Kriechtiere bzw. Reptilien bezeichnet.
Heute gibt es ungefähr 6000 lebende Kriechtierar-
ten, von denen ungefähr die Hälfte Schlangen sind. Zu den
Kriechtieren zählen außerdem Schildkröten, Krokodile und
Echsen. Kriechtiere besitzen ein Innenskelett aus Knochen
und eine Wirbelsäule. Ihre Körper sind von Schuppen bedeckt. Sie legen entweder Eier mit wasserdichter Schale oder
sind lebend gebärend. Alle Kriechtiere sind Kaltblüter. Die
Schlangen sind vor allen anderen Kriechtieren auf der Erde
aufgetaucht. Die ersten Schlangen lebten vor 100 bis 150
Millionen Jahren und waren damit Zeitgenossen der
berühmtesten aller Kriechtiere – der Dinosaurier.

Schon gewusst? Das größte Kriechtier der Erde ist das Leistenkrokodil. Es kann über 7 Meter lang werden.

Krokodil-Junges

FÜRSORGLICHE KROKODILE

Krokodile zählen zwar zu den größten und gefährlichsten Kriechtieren, Kroko-
dilweibchen sind jedoch sehr fürsorgliche Mütter.
Sie wachen mit Argusaugen über ihre Eier und
beschützen ihre Jungen, bis sie alt genug sind,
um sich selbst wehren zu können.

BEINLOSE ECHSEN

Einige Grabechsen, wie z. B. die Skinke, haben lange, schlangenartige Körper und sehr kurze Beine – und manchmal auch gar keine Beine. Die Schlangen haben sich möglicherweise aus den Grabechsen entwickelt.

Beinlose Echse

Schon gewusst? Die einzigen giftigen Echsen sind die Gila-Krustenechse und die Skorpions-Krustenechse.

Wasserdrachen

SAGENHAFTER SCHWANZ

Wie dieser Wasserdrachen besitzen Echsen im Allgemeinen einen langen Schwanz und verlieren bei der Häutung ihr zu eng gewordenes Schuppenkleid fetzenweise. Bei manchen Echsen kann der Schwanz nachwachsen, wenn er bei einem Kampf abgebrochen ist.

SCHILDKRÖTEN

Schildkröten besitzen sowohl einen Panzer als auch ein Innenskelett. Der Panzer besteht aus Knochenplatten, die mit den Rippen verwachsen und außen mit Hornschildern bedeckt sind. Die Schildkröte kann ihren langen Hals mitsamt dem Kopf ganz in ihren Panzer einziehen.

Schildkröte

DOPPELSCHLEICHEN

Diese merkwürdigen Kriechtiere sind gefürchtete Räuber. Doppelschleichen leben im Erdboden, wo sie mithilfe ihrer kräftigen, harten Köpfe Gänge graben. Ihre Nasenlöcher sind nach hinten gerichtet und beim Graben verschließen die Tiere sie, damit sie nicht mit Erde verstopfen.

Doppelschleiche

ARTENSCHUTZ

Die größte Bedrohung für die Schlangen stellt der Mensch dar. Oft werden Schlangen aus Angst umgebracht. Landwirte töten sie, um ihre Arbeiter und Tiere vor ihnen zu schützen, obwohl viele Schlangen ihnen eigentlich sehr nützen: Sie vertilgen jede Menge Schädlinge. In manchen Ländern werden Schlangen zu Delikatessen zu verarbeitet. Schlangenhäute sind als Rohmaterial zur Herstellung von teuren Lederwaren sehr begehrt. Schlangen werden auch als exotische Haustiere gehalten. Bei der Besiedlung neuer Wohngebiete werden auch oft die Lebensräume von Schlangen zerstört. Damit die Schlangen überleben können, müssen die Menschen mehr über sie lernen und Maßnahmen ergreifen, die ihre Lebensräume erhalten und ihren Fortbestand sichern.

WISSEN SCHAFFEN

Diese Wissenschaftler sind gerade einer Schwarzschwanz-Klapperschlange auf den Fersen. Mithilfe einer Antenne empfangen sie die Funksignale, die ein Peilsender an der Schlange abgibt. Auf diese Weise können sie jede Bewegung der Schlange verfolgen. Unser Wissen über Schlangen ist noch sehr lückenhaft. Je mehr wir über ihre Lebensweise wissen, desto besser werden wir sie schützen können.

TROPHÄE

In einiger Ländern der Erde werden Schlangen zwar auch zum Verzehr gejagt, aber leider werden sie noch öfter aus reinem Spaß getötet. Als Zeichen für ihre fragwürdige sportliche Leistung stellen die Jäger dann die Klappern oder Köpfe der Tiere zur Schau.

SCHLANGEN IN GEFAHR!

Schlangen wie diese Dumerils Madagaskar-Boa stehen bald vor der vollständigen Ausrottung, falls die Menschen keine Maßnahmen zu ihrer Rettung ergreifen. Man könnte z. B. Gesetze verabschieden, die es Sammlern verbieten, Schlangen in freier Wildbahn einzufangen; allerdings ist es sehr schwierig, darüber zu wachen.

Früher nahmen sich die Siedler in Nordamerika einen Tag im Jahr dafür Zeit, so viele Klapperschlangen wie möglich zu töten. Heute finden solche Treibjagden glücklicher weise nur noch ganz selten statt.

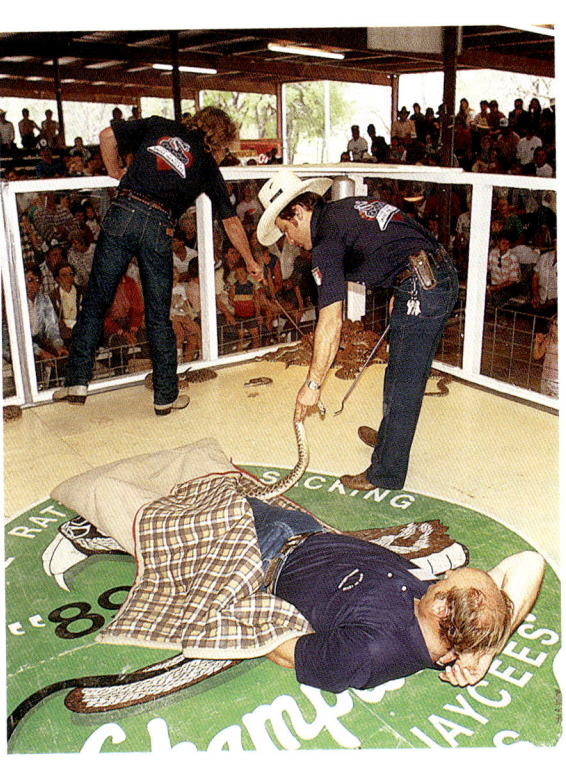

VERWENDUNG VON SCHLANGENHÄUTEN

Schlangenhäute wurden viele Jahre lang zur Herstellung von Armreifen und Ohrringen verwendet. Einige Arten wurden fast gänzlich ausgerottet, weil man sie in einigen Regionen um ihrer Häute willen höchst aggressiv bejagte. In letzter Zeit haben Länder wie Sri Lanka und Indien die Ausfuhr von Schlangenhäuten verboten.

Schon gewusst? Der Heilige Patrick hat die Schlangen aus Irland vertrieben, um das Land vom Bösen zu befreien.

STREICHELSCHLANGEN

Manche Menschen halten sich Schlangen als Haustiere. In Gefangenschaft sind Schlangen allerdings nicht sehr aktiv und auch nicht sehr lebensfroh. Sie verlieren dabei oft ihren Jagdtrieb und werden durch die beengte Haltung depressiv.

GLOSSAR

A

ALBINO
Ein Tier, dessen Körper ganz oder teilweise farblos ist, obwohl es einer Art angehört, deren Vertreter normalerweise in einer bestimmten Weise gefärbt sind.

AFTERSPORNE
Bei Boas und Pythons vorhandene Überreste von Hinterbeinen, die an den Hüftbeinen ansetzen und beim Liebeswerben eingesetzt werden.

ANAKONDA
Eine Gattung der Unterfamilie Boa-Schlangen.

B

BEUTE
Ein Lebewesen, das von einem anderen Lebewesen gejagt wird und diesem als Nahrung dient.

BOAS
Eine Schlangen-Unterfamilie, deren Angehörige hauptsächlich in Nord- und Südamerika verbreitet sind. Sie erwürgen ihre Beute und sind lebend gebärend.

BRILLE
Eine durchsichtige, schützende Schuppe über dem Auge der Schlange.

E

EIZAHN
Ein kleiner Zahn, der aus dem Maul von kleinen Schlangen heraussteht und mit dem sie beim Schlüpfen ihre Eierschale oder Eihülle aufritzen.

EKTOTHERME TIERE
Tiere, die in ihrer Körpertemperatur von der Wärmezufuhr aus der Umgebung abhängig sind. Siehe auch Kaltblüter.

EPIDERMIS
Die obere Schicht der Haut.

G

GELEGE
Die Gesamtheit aller Eier, die ein Schlangenweibchen bei einer einzelnen Eiablage ablegt.

GESCHLECHTSREIFE
Der Zeitpunkt im Leben eines Tieres, ab dem es sich so weit entwickelt hat, dass es zur Fortpflanzung fähig ist.

GIFTNATTERN
Eine Schlangenfamilie, deren Angehörige giftig sind und zu der Kobras, Mambas und Korallenschlangen zählen. Giftnattern kommen hauptsächlich in den warmen Regionen der Erde vor.

GRUBENOTTERN
Eine Schlangenfamilie, deren Angehörige hoch giftig sind und nach hinten umklappbare Giftzähnen besitzen. Ein wichtiges Merkmal der Grubenottern sind ihre wärmeempfindlichen Gruben links und rechts neben der Schnauzenspitze. Die meisten Grubenottern sind lebend gebärend.

H

HÄUTUNG
Das regelmäßige Abstoßen und Erneuern der äußeren Hautschicht.

J

JACOBSONSCHES ORGAN
Organ im Gaumendach der Schlange, das aus zwei Vertiefungen besteht, in denen zahlreichen Nerven enden. Mithilfe ihrer Zunge bringt die Schlange Duftpartikel in diese Vertiefungen, die dann dort ausgewertet werden.

K

KALTBLÜTER
Ein Tier, dessen Körpertemperatur mit der Umgebungstemperatur steigt und fällt.

KERATIN
Ein hornartiger Stoff, aus dem die Schuppen einer Schlange bestehen.

KLAPPERSCHLANGEN
Eine Gattung von Grubenottern, die hauptsächlich im Südwesten der USA und in Mexiko beheimatet sind. Klapperschlangen haben eine Warnrassel, die aus hohlen Körperringen besteht und am Schwanzende sitzt.

KLASSIFIKATION

Die Gliederung von Tieren auf der Grundlage von gemeinsamen und verschiedenen Merkmalen zum Zweck der wissenschaftlichen Untersuchung. Dabei wird auch erkennbar, wie sich die Tiere im Laufe der Zeit vermutlich entwickelt haben.

KLOAKE

Die gemeinsame Mündung von Darm, Geschlechtsorganen und Harnwegen bei Kriechtieren, Lurchen und Vögeln.

KOBRAS

Zur Familie der Giftnattern zählende Giftschlangen mit kurzen, feststehenden Giftzähnen im vorderen Bereich des Mauls.

N

NATTERN

Eine Schlangenfamilie, deren Angehörige überwiegend ungefährlich sind. Die Nattern sind die größte Schlangenfamilie: Beinahe drei Viertel aller Schlangen werden zu ihr gerechnet.

P

PIGMENTE

Die Farbkörperchen in den Zellen, die für die Färbung eines Tieres verantwortlich sind.

PYTHONS

Eine Schlangen-Unterfamilie, deren Angehörige hauptsächlich in Australien, Afrika und Asien verbreitet sind. Sie erwürgen ihre Beute und legen Eier.

R

RÄUBER

Ein Lebewesen, das andere Lebewesen jagt und sich von ihnen ernährt.

REGENWALD

Ein tropischer Wald in heißen Gebieten mit reicher Pflanzenwelt und viel Regen.

S

SCHLANGENSERUM

Eine Flüssigkeit zur Behandlung von Schlangenbissen, die aus dem Blut von Säugetieren und/oder Schlangengift hergestellt wird.

SOMMERSCHLAF

Ein schlafähnlicher Ruhezustand, in den manche Tiere fallen, um heiße und trockene Zeiten zu überdauern. Der Sommerschlaf ist dem Winterschlaf sehr ähnlich.

T

TARNUNG

Die Färbung, Zeichnung und Gestalt eines Tieres, die es optisch mit seiner Umgebung verschmelzen lässt und auf diese Weise vor Räubern schützt.

V

VIPERN

Eine Schlangenfamilie, deren Angehörige hoch giftig sind und nach hinten umklappbare Giftzähnen besitzen. Die meisten Vipern sind lebend gebärend.

W

WARMBLÜTER

Ein Tier, das, wie z. B. eine Maus, seine Körperwärme selbst in sich erzeugt und seine Körpertemperatur ständig konstant halten kann.

WÄRMEEMPFINDLICHE GRUBEN

Wärmefühler, die auf beiden Seiten des Schlangenkopfes sitzen.

WARNFARBEN

Die leuchtende Farben, die anderen Tieren anzeigen, dass ein Tier giftig ist. Warnfarben dienen vor allen zur Abschreckung von Fressfeinden.

WINTERSCHLAF

Ein Schlaf ähnlicher Ruhezustand, in den manche Tiere fallen, um kalte Zeiten zu überdauern; dabei werden alle Körperfunktionen verlangsamt.

WÜRGESCHLANGE

Eine Schlange, die ihre Beute tötet, indem sie ihren Körper um sie schlingt und sie dann erstickt.

SCHLAGWORTREGISTER